PLANO DE ATAQUE

A história dos vôos de 11 de setembro

CSM

9-11-01 24H
5:45:13
24HR

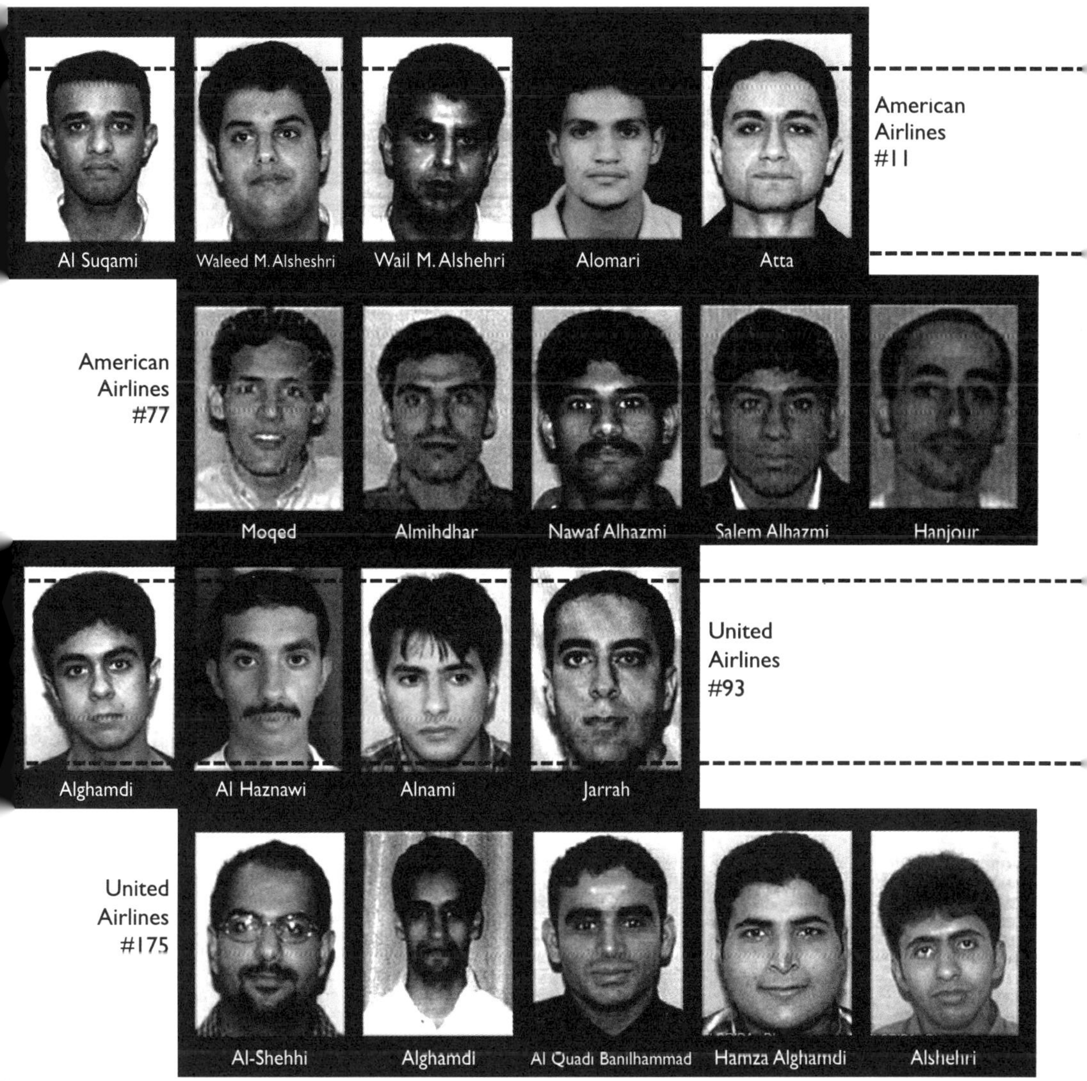
Al Suqami
Waleed M. Alsheshri
Wail M. Alshehri
Alomari
Atta
American Airlines #11
American Airlines #77
Moqed
Almihdhar
Nawaf Alhazmi
Salem Alhazmi
Hanjour
Alghamdi
Al Haznawi
Alnami
Jarrah
United Airlines #93
United Airlines #175
Al-Shehhi
Alghamdi
Al Quadi Banilhammad
Hamza Alghamdi
Alshehri

CHIEF

IVAN SANT'ANNA

PLANO DE ATAQUE

A história dos vôos de 11 de setembro

OBJETIVA

Imagine there's no heaven,
it's easy if you try
No hell below us,
above us only sky
Imagine all the people,
living for today
Imagine there's no countries,
it isn't hard to do
Nothing to kill or die for,
and no religion too
Imagine all the people,
living life in peace...

Imagine
John Lennon

Imagine que o céu não existe,
é fácil se você tentar
Não há inferno embaixo,
acima somente céu
Imagine todo mundo
vivendo por hoje
Imagine que não haja países,
não é difícil
Nem nada para se matar ou morrer
e nenhuma religião
Imagine todo mundo,
vivendo a vida em paz...

Imagine
John Lennon

— Não sei como isso vai terminar.
Mas, do lado de fora da janela, o céu está lindo.

Honor Elizabeth (Liz) Wainio, 27 anos,
a bordo do UAL93, falando ao celular, após o seqüestro

A Juliana e Luiz Felipe,
que acabaram de chegar,

a Bernardo, que se foi tão cedo,

dedico este trabalho

SUMÁRIO

Introdução 17
Lista de personagens 23
Reta final 29
Yousef, *O Químico* 39
Almoço em Tariq Road 45
O *Samaritano* 53
11 de setembro – Nove da manhã 61
A célula de Hamburgo 73
Ziad e Aysel 79
A maior honra de um muçulmano 85
11 de setembro – 9h35 91
Encontro em Finsbury Park 101
Bem-vindos aos Estados Unidos da América 107
Pilotos e comandos 115
Nove dias em setembro 127
Segunda-feira, véspera do ataque 135
Amanhecer na Costa Leste 141
Decolagem na pista 25 149
American 11, está me ouvindo? 157
Nós temos "aviões" 165
O bailarino da Torre Norte 175
Pela tela da TV 187
Na contramão 195

Mayday!, mayday! 201
Pra dizer que te amo 209
Torre Sul: um minuto para as dez 221
Sonho impossível 227
Não temos outra escolha 233
Shanksville, Pensilvânia 243
Última lembrança 249
Epílogo 255
Agradecimentos 261
Documentação e fontes de pesquisas 263

Introdução

Dos meus livros de cabeceira, um dos preferidos chama-se *Disasters,* almanaque publicado pelo *New York Times* em 1976. São reportagens sobre desastres ocorridos entre outubro de 1871, quando um incêndio devastou Chicago, e 24 de junho de 1975, dia em que, durante uma tempestade, um Boeing 727 da Eastern Airlines caiu nas proximidades do Aeroporto Kennedy, em Nova York, matando 112 pessoas.

Entre esses dois eventos, há o relato do terremoto que destruiu a cidade de São Francisco (1906), do naufrágio do *Titanic* (1912), do incêndio do dirigível alemão *Hindenburg* (1937), do choque de um bombardeiro B-25 da Força Aérea dos Estados Unidos contra o Empire State Building, em Nova York (1945), do choque de um Lokheed Constellation da TWA com um Douglas DC-7 da United Airlines sobre o Grand Canyon (1956), da colisão dos transatlânticos *Andrea Doria* e *Stockholm,* no Atlântico Norte (também em 1956) e do terremoto que matou 60 mil pessoas no Peru (1970).

Confesso que esse tipo de história me hipnotiza. Talvez por um sadismo atávico. Ou, quem sabe, pela curiosidade extrema de saber como o homem reage a situações-limite. Não sei. Só sei que devoro os jornais quando um desastre de grandes proporções acontece. Junte-se minha paixão por aviões, e está explicado por que escrevi *Caixa-preta,* o relato de três tragédias da aviação brasileira, publicado em novembro de 2000.

De lá para cá, muitos leitores me pediram uma nova narrativa de desastres aéreos. Só não a escrevi porque não encontrei nenhum tão eletrizante quanto aqueles três.

Veio então o 11 de setembro de 2001. E tudo que aconteceu antes, em quase noventa anos de história da aviação comercial, tornou-se um evento menor.

Eu dormia quando o vôo 11 da American Airlines atingiu a Torre Norte do World Trade Center, ao sul da Ilha de Manhattan. De seu escritório, minha mulher me telefonou, informando que um teco-teco se chocara contra a torre. Levantei-me de um salto, já em estado de prontidão, liguei a TV, coloquei na CNN e, a partir daquele momento, durante vários dias, só larguei a telinha para breves cochiladas. Senti que aquela história, além de mudar os destinos da humanidade, mudaria o "meu" destino. Seria a "minha" história.

Logo veio a primeira decepção. Quando revelei meus planos aos amigos, a maioria me desencorajou. "Poxa, Ivan, 11 de setembro? Esquece. Vão escrever 200 livros sobre esse assunto."

Pois bem, que seja este o 201º.

Ao contrário de *Caixa-preta*, percebi que, para este trabalho, eu não precisaria entrevistar parentes dos mortos, nem sobreviventes. Isso porque talvez nunca uma tragédia tenha sido tão esmiuçada pela imprensa.

A mim, bastaria ler jornais e revistas, com matérias sobre o assunto, assistir aos documentários na televisão, ler os tais 200 livros, ou boa parte deles, para então escrever o meu. Mas não demorei a constatar que o grande obstáculo, no caso do 11 de setembro, não é a falta de informações, mas o excesso delas.

No início, pensei em ficar um ano em Washington, na Biblioteca do Congresso, ou em Nova York, na Biblioteca Pública Municipal da Quinta Avenida, da qual sou antigo freqüentador, estudando os atentados. Mas resolvi primeiro investigar o assunto pela Internet. E, após quase um ano de pesquisas, surgiu, na rede, o relatório da comissão que investigou os fatos (*The 9/11 Commission Report*), presidida pelo ex-governador do estado de Nova Jersey, Thomas Kean.

Sendo um comitê oficial, com amplos poderes de investigação, a equipe de Kean pôde convocar, e ouvir, a CIA, o FBI, a FAA (Administração Federal de Aviação), o NTSB (Comitê Nacional de Segurança no Transporte), o Conselho de Segurança Nacional, o próprio presidente George W. Bush e seu antecessor, Bill Clinton. Ouviu também depoimentos do prefeito de Nova York, Rudolf Giuliani, dos integrantes do comando do Corpo de Bombeiros da cidade e de inúmeras autoridades envolvidas no episódio, além de relatos de sobreviventes e de pessoas ligadas aos mortos. Recebeu cópia dos interrogatórios dos presos da Base de Guantanamo, em Cuba, e de outras prisões mantidas pelos Estados Unidos em diversos países, algumas secretas, para as quais foram enviados os suspeitos de ligação com a al-Qaeda presos fora do território americano.

Só que o relato da comissão de inquérito é uma história oficial, com todas as vantagens (ter acesso às fontes) e desvantagens (exibir apenas um dos lados da moeda) inerentes a isso.

Por outro lado, na Internet há tudo sobre o 11 de setembro. Seria maravilhoso, não fosse um detalhe: no momento em que escrevo este parágrafo, por exemplo, são 481 milhões de sites sobre o assunto. Sim. Quatrocentos e oitenta e um milhões! Se alguém conseguir estudar vinte por dia, levará 65.890 anos para concluir sua pesquisa. Em meio a essa montanha de informações, há preciosidades como www.september11victims.com/september11victims/victims_list.htm, com a foto e a biografia de cada um dos 2.973 mortos nos ataques, perdidas entre milhões de histórias falsas, fantasiosas e enganosas, além de teorias conspirativas as mais fantásticas, tais como um site que "prova", por A + B, que o AAL77 não se chocou contra o Pentágono e outro que diz que o Mossad (Serviço Secreto de Israel) organizou os atentados para provocar um surto mundial de indignação contra o islamismo.

Só me restou ser judicioso ao extremo. Na procura daquela agulha no palheiro, pinçar, na medida do possível, as melhores fontes, ler os melhores livros, assistir aos melhores documentários. Descartar-me de toda a baboseira. E, principalmente, checar e rechecar cada fonte, cada informação. Se o *New York Times*, ou a CNN, diz que Osama bin Laden fez isso ou aquilo em tal dia, vejamos o que diz a Al-Jazeera. Se Robert Baer, ex-agente da CIA, diz algo em seu livro *Sleeping with the Devil* (Dormindo com o inimigo), vejamos o que diz Montasser al Zayat em *The Road to al-Qaeda* (A estrada para a al-Qaeda), pois Zayat conviveu, na intimidade, com Ayman al Zawahiri, segundo em hierarquia na organização liderada por Bin Laden, desde 1981.

Durante meus anos de pesquisa, fui freqüentador assíduo dos sites de livrarias virtuais dos Estados Unidos e da Europa, onde adquiri boa parte do que saiu, em livro, sobre os atentados. Assisti pela TV, e gravei em fita, diversos documentários. Comprei DVDs e fitas de VHS daqueles que não foram exibidos no Brasil. Meu escritório foi inundado por uma enxurrada de discos, fitas, livros e gravações.

Li as biografias dos mortos, estudei as histórias dos sobreviventes, subi, com os bombeiros de Nova York, as escadas das Torres Gêmeas, embarquei em cada um daqueles quatro vôos, me debrucei sobre as telas dos radares dos Centros de Controle da Costa Nordeste americana. Retornei no tempo até os primórdios da *Operação Aviões*, nome que Khaled Sheik Mohamed, um dos líderes da al-Qaeda, deu ao projeto de ataque à *Cabeça da Serpente* — que era como Osama bin Laden se referia aos Estados Unidos da América —, usando aviões como arma.

Quando, acima, escrevi que, em 11 de setembro de 2001, morreram 2.973 pessoas, não contei os 19 terroristas. Incluindo os seqüestradores kamikazes (que se autodenominam mártires de Alá), o número de mortos se eleva a 2.992. E são justamente esses 19 indivíduos os personagens dessa tragédia apocalíptica que, durante as pesquisas, mais me interessaram, principalmente Mohamed Atta, Marwan al Shehhi, Hani Hanjour e Ziad Jarrah, os quatro homens que, após o assassinato dos pilotos, assumiram os comandos, respectivamente, dos vôos AAL11, UAL175, AAL77 e UAL93. Sei como, quando, e por onde, cada um deles entrou nos Estados Unidos. Descobri como, e em que lugares, aprenderam a pilotar. E como elaboraram, e sincronizaram, seus ataques.

Talvez o leitor ainda não saiba, ou não tenha deduzido isso, mas, meia hora antes do AAL11 (primeiro dos quatro mísseis macabros da al-Qaeda) atingir, exatamente às 8h46min40s, a Torre Norte do World Trade Center, o pânico já se apoderara dos controladores de vôo. Pois, com intervalo de alguns minutos entre um e outro, e sem nenhuma explicação, jatos comerciais de passageiros haviam mudado de rota e se desconectado de seus centros de apoio no solo. Algo de muito sério acontecia nos céus da América, sem que a imprensa, nem o comando das Forças Armadas, e nem mesmo a CIA ou a Casa Branca soubessem. Circunscrito ao interior das vidraças das torres de controle, em meio à ansiedade e às conversas nervosas dos profissionais, um grande mistério pairava no ar límpido daquela manhã de terça-feira.

Os quatro aviões eram equipados de caixas-pretas, duas (CVR e FDR) em cada um. O CVR (Cockpit Voice Recorder) é o gravador de vozes da cabine de comando. O FDR (Flight Data Recorder), registrador dos parâmetros do vôo. Nos dois vôos (AAL11 e UAL175) que atingiram o World Trade Center, essas caixas-pretas se pulverizaram. Não foram projetadas para suportar a devastadora seqüência de choque, explosão, incêndio e desmoronamento que se seguiu. Do AAL77, que se chocou contra o Pentágono, foram recuperados os dados do FDR. Do UAL93, que caiu na Pensilvânia, salvaram-se os registros tanto do CVR como do FDR. Eu, graças ao *The 9/11 Commission Report*, e, mais tarde, às sessões de julgamento de um dos integrantes da Operação Aviões (Zacarias Moussaoui), tive acesso a esses dados.

Durante os três anos de pesquisa, houve um momento em que pensei seriamente em desistir do projeto. Pois minha tarefa parecia impossível. Ou, no mínimo, insana. Coletando dados e informações de jornais, revistas, sites, livros, fitas e discos, eu transcrevera, em documentos do meu Word, 17 mil páginas. Dezessete mil! E as informações não paravam de chegar — e aos poucos me soterravam, me enlouqueciam.

Hoje, se quisesse, acho que poderia escrever uma enciclopédia sobre os antecedentes dos atentados, retornando ao século VII, quando, aos 40 anos, o profeta Maomé iniciou sua pregação, passando, em seguida, pelos primórdios do islamismo, por sua propagação pelo Oriente Médio, África e parte da Europa, pelo surgimento da dinastia Saud (família fundadora da Arábia Saudita), pela descoberta de petróleo na Península Arábica, em 1938, pela criação do Estado de Israel (1948), pelas guerras, que se seguiram, entre israelenses e árabes (Independência, 1948, Suez, 1956, Seis Dias, 1967, Yom Kippur, 1973), além de milhares de escaramuças entre os dois lados, pela crise do petróleo (anos 1970 e 1980), pelos movimentos armados de independência do Estado

Palestino, pela invasão soviética do Afeganistão (1979), pela Guerra Irã/Iraque (1980/1988), pelo surgimento dos mujahedins, pela Guerra do Golfo, pelo primeiro atentado contra o World Trade Center (1993), pela fundação da al-Qaeda, pelos ataques às embaixadas americanas na África (organizados e executados pela "Base") e pelos seguidos planos da CIA para assassinar Osama bin Laden, cuja movimentação era acompanhada por uma aeronave espiã, não tripulada, à qual a CIA deu o nome de *Predador*.

Embora este seja um livro-reportagem, e, como tal, baseado em fontes que reputei confiáveis, em certos trechos da narrativa tomei a liberdade de formular alguns diálogos — travados principalmente entre os integrantes da rede al-Qaeda — representativos do que se passou na ocasião. Como diversos planejadores dos ataques de 11 de setembro foram presos e interrogados por militares e agentes de Inteligência dos Estados Unidos, os diálogos aos quais me refiro se baseiam nesses interrogatórios, listados um a um nas páginas de *The 9/11 Comission Report*, o relatório oficial da Comissão de Investigações do Congresso americano.

Em determinado momento do trabalho de pesquisa, *Plano de Ataque* tomou conta de mim. Tornei-me escravo dele. Temi morrer sem concluir a tarefa. Temi perder os dados do HD do computador. Passei a fazer backup de tudo. E a mandar cópias do backup para outro lugar, com receio do meu apartamento pegar fogo. Passei a trabalhar 12, 14 horas por dia, sete dias por semana. Terminar *Plano de Ataque* tornou-se o único objetivo de minha vida. Minha jihad particular. Passei, no processo, ao largo de dois cânceres, ignorando-os solenemente, assim como ignorei algumas crises de arritmia, cãibras, lesões de esforço repetitivo, cansaço nos olhos, torcicolo e entorpecimento da mente. Dormia, sonhava e acordava a bordo daqueles quatro aviões.

Chegou então o dia em que o livro, como por encanto, se compactou em minha mente. Restava-me psicografá-lo. Foi o que fiz nesta narrativa.

Rio de Janeiro, junho de 2006
Ivan Sant'Anna
rapina@wnetrj.com.br

Lista de Personagens

Vôo American Airlines 11, avião que se chocou contra a Torre Norte do World Trade Center

TRIPULANTES

Comandante John Ogonowski, 52 anos
Co-piloto Thomas McGuinness, 42
Comissária Barbara (Bobbi) Arestegui, 38, primeira classe
Comissária Betty Ong, 45, classe econômica
Comissária Karen (Kay) A. Martin, 40, primeira classe
Comissária Madeline (Amy) Sweeney, 35, classe econômica

SEQÜESTRADORES

Mohamed Atta, 33, egípcio, líder do grupo de ataque da Operação Aviões
Waleed al Shehri, saudita
Wail al Shehri, saudita, 33, irmão de Waleed
Satam al Suqami, saudita, 25
Abdulaziz al Omari, saudita

PASSAGEIROS

Daniel Lewin, 31, ex-capitão de unidade especial do Exército israelense
Paige Farley-Hackel, 46, conselheira espiritual e autora de livros de auto-ajuda

VÔO UNITED AIRLINES 175, avião lançado contra a Torre Sul do World Trade Center

TRIPULANTES
Comandante Victor (Vic) Saracini, 51
Co-piloto Michael Horrocks, 38

SEQÜESTRADORES
Marwan al Shehhi, 23, dos Emirados Árabes Unidos
Fayez Banihammad, dos Emirados Árabes Unidos
Ahmed al Ghamdi, saudita
Hamza al Ghamdi, saudita
Mohand al Shehri, saudita

PASSAGEIROS
Louis Neil Mariani, 59, aposentado
Peter Hanson, 32, a mulher, Sue Kim Hanson, 35, e Christine, 2, filha do casal
Ruth Magdaline McCourt, 45, empresária, e sua filha Juliana, 4

PERSONAGEM LIGADA AO VÔO UAL175
Ellen Mariani, mulher do passageiro Louis Neil Mariani

VÔO AMERICAN AIRLINES 77, avião que atingiu o Pentágono

TRIPULANTES
Comandante Charles F. Burlingame, 51
Co-piloto David M. Charlebois, 39
Comissária Renee A. May, 39, *galley* da primeira classe

SEQÜESTRADORES
Hani Hanjour, 29, saudita
Nawaf al Hazmi, saudita, nascido em Meca, vice-líder do grupo de ataque
Khalid al Mihdhar, saudita, nascido em Meca

Majed Moqed, saudita
Salem al Hazmi, saudita, nascido em Meca, irmão de Nawaf

PASSAGEIRA
Barbara Olson, 45, advogada, escritora e comentarista política da CNN

PERSONAGEM LIGADO AO VÔO AAL77
Ted Olson, procurador-geral dos EUA, marido de Barbara

VÔO UNITED AIRLINES 93, avião que caiu num bosque da Pensilvânia, sem atingir seu alvo, o Capitólio

TRIPULANTES
Comandante Jason M. Dahl, 43
Co-piloto Leroy Homer, 36
Comissária Deborah (Debbie) A. Welsh, 49, chefe de equipe
Comissária CeeCee Lyles, 33, ex-policial, classe econômica
Comissária Sandra (Sandy) W. Bradshaw, 38, classe econômica

SEQÜESTRADORES
Ziad Jarrah, 26, libanês
Saeed al Ghamdi, saudita
Ahmad al Haznawi, 20, saudita
Ahmed al Nami, 23, saudita

PASSAGEIROS
Andrew (Andy) Garcia, 62, piloto amador, controlador de tráfego aéreo
Donald (Don) F. Greene, 52, piloto e especialista em segurança aeronáutica
Honor Elizabeth (Liz) Wainio, 27, gerente de loja do Discovery Channel
Jeremy Glick, 31, gerente de vendas, ex-campeão de judô
Lauren Grandcolas, 38, da revista *Good Housekeeping*, grávida de três meses
Mark Bingham, 31, empresário de relações públicas, jogador de rúgbi
Mark Rothenberg, 52, empresário

Todd Beamer, 32, executivo de vendas da Oracle
Thomas (Tom) Burnett Jr., 38, executivo, ex-jogador de futebol americano

PERSONAGENS LIGADOS AO VÔO UAL93

Alice Hoglan, mãe do passageiro Mark Bingham
Deena Burnett, mulher do passageiro Tom Burnett
Dorothy Garcia, mulher do passageiro Andy Garcia
Esther Heymann, madrasta da passageira Honor Elizabeth Wainio
Jack Grandcolas, marido da passageira Lauren Grandcolas
Lisa Beamer, mulher do passageiro Todd Beamer
Lisa Jefferson, supervisora da empresa Verizon Airfone
Lyz Glick, mulher do passageiro Jeremy Glick
Melodie Homer, mulher do co-piloto Leroy Homer
Phil Bradshaw, piloto da US Air, marido da comissária Sandy Bradshaw
Aysel Senguen, noiva de Ziad Jarrah

TORRE NORTE, WORLD TRADE CENTER

Abe Zelmanowitz, 55, Empire Blue Cross & Blue Shield, 27º andar
Chris Young, Marsh & McLennan, 99º andar
Edward F. Beyea (Ed Beyea), 42, Empire Blue Cross & Blue Shield, 27º andar
Mike Jacobs, May Davis, 87º andar
Patricia Massari, 25, Marsh & McLennan, 98º andar
Jules Naudet, documentarista e cinegrafista francês

TORRE SUL, WORLD TRADE CENTER

Brian Clark, Euro Brokers, 84º andar
Edgar (Ed) Emery, 45, Fiduciary Trust, 97º andar
Ron di Francesco, Euro Brokers, 84º andar
Stanley Praimnath, Banco Fuji, 81º andar

Bombeiros da cidade de Nova York

Joseph Pfeifer, chefe de Batalhão
Orio J. Palmer, 45, chefe de Batalhão. Maratonista amador
Tom Kelly (Thomas W. Kelly), 51

Policiais

Timothy Hayes, piloto do *Aviation 14*, helicóptero da polícia

Pentágono

Donn Marshall, funcionário do Departamento de Defesa
Shelley A. Marshall, 37, mulher de Donn, também do Departamento de Defesa

Liderança da al-Qaeda

Osama bin Laden, saudita, líder supremo
Khaled Sheik Mohamed (KSM), kuwaitiano, coordenador da Operação Aviões
Mohamed Atef, egípcio, chefe de Operações Militares

Outros militantes da al-Qaeda

Abdul Hakim Murad. Kuwaitiano. Piloto
Ramzi Ahmed Yousef, *O Químico*. Paquistanês
Ramzi Binalshibh. Iemenita. Da célula de Hamburgo
Zacarias Moussaoui. Francês, de origem marroquina

Outros extremistas islâmicos

Abu Mohamed. Clérigo da mesquita Quds, em Hamburgo
Mohamed Haydar Zammar, líder religioso
Omar Abdel Rahman, o *Sheik Cego*

Reta final

CAVU ou CAVOK, iniciais, em inglês, de "teto e visibilidade ilimitada" e "teto e visibilidade OK", são as siglas que os pilotos, em todo o mundo, e em todas as línguas, usam para se referir a condições atmosféricas como as daquela manhã ensolarada da Costa Nordeste americana, na terça-feira 11 de setembro de 2001. Céu azul, quase nenhuma nuvem. CAVU.

São 8h44. Faz meia hora que o egípcio Mohamed Atta e seus quatro comandos sauditas se apossaram do vôo 11 da American Airlines. Após desligar o piloto automático, Atta opera, com movimentos bruscos e inseguros, o manche e as manetes de aceleração do Boeing 767, de modo a controlar a altitude e se manter sobre o curso do rio Hudson até a cidade de Nova York.

As condições CAVU lhe permitem ignorar o sofisticado (embora simples para um piloto de linhas aéreas) equipamento de navegação do 767, conhecido como *glass cockpit,* e pilotar o AAL11 como se fosse um pequeno avião particular voando em condições VFR (vôo visual). Tarefa quase impossível seria pousá-lo em segurança, mas pouso, definitivamente, não é um item da pauta de preocupações de Atta nesta manhã.

O seqüestro ocorreu entre os vales dos rios Connecticut e Hudson. Depois de seguir para noroeste, desorientado, Atta localizou a cidade de Hudson Falls, onde o rio, após fazer uma curva abrupta de 90°, desce quase reto, no sentido norte/sul, até seu estuário junto à ilha de Manhattan.

Agora, depois de muitas subidas e descidas involuntárias, e de um número não menor de derrapagens (escorregamentos laterais) e glissadas (perda de altitude com queda de asa), todas causadas pela imperícia de Atta nos comandos da sensível e arisca aeronave, o sucesso de sua missão está quase garantido. É só não perder a concentração, não cometer nenhum erro infantil, não se deixar trair por um cochilo de última hora.

O egípcio de rosto quadrado examina o solo abaixo, à frente e ao redor da aeronave. O Boeing encontra-se sobre Yonkers, cidade-subúrbio ao norte da Grande Nova York. Mohamed Atta pode ver, um pouco adiante, à esquerda, o vasto aglomerado ocre-acinzentado do Bronx. À direita, do outro lado do Hudson, Nova Jersey. Bem na proa, uns 15 quilômetros à frente, a mancha esverdeada do retângulo do Central Park, seguida do Empire State Building e, no fundo do cenário, na ponta sul da ilha, os arranha-céus da região de Wall Street.

A missão de Atta, cujo grau de dificuldade foi enorme no início, resume-se agora em fazer da trajetória do American Airlines 11 uma reta final, no mais amplo dos sentidos. Se ele tiver sucesso, esta reta vai terminar na Torre Norte do World Trade Center, a primeira das duas que ele já pode ver, ainda pequenas, mas já se destacando dos demais prédios da Zona Baixa de Manhattan.

Quinze quarteirões a nordeste das Torres Gêmeas, na rua Church, entre as ruas Walker e Lispenard, uma picape do Corpo de Bombeiros se encontra parada junto a um bueiro da companhia de gás. Dois homens da corporação investigam uma suspeita de vazamento, que alguém comunicou, pouco antes, ao serviço 911 de emergência. Os bombeiros usam em seu trabalho um pequeno aparelho sensor de gás (*sniffer*).

Apesar do caráter trivial da missão, o próprio comandante do 1º Batalhão, de onde procedem os homens, chefe Joseph Pfeifer, acompanha o serviço. É seu hábito fiscalizar, sem aviso prévio, missões de rotina de sua unidade. Além da presença de Pfeifer, há no local um cineasta francês, de nome Jules Naudet, que, com uma câmera profissional de vídeo, registra a cena.

Há várias semanas, Jules e seu irmão Gedeon filmam tudo que acontece no 1º Batalhão. O propósito do documentário que estão rodando é narrar o período de experiência de um bombeiro recém-saído da Academia. Mostrar como um garoto, em pouco tempo, se transforma num homem. E o escolhido foi Tony Benetatos. Só que, para tristeza do recruta, e desapontamento dos irmãos Naudet, nada vem acontecendo nos turnos de serviço de Benetatos.

O projeto está a ponto de naufragar por falta de ação. Pois exibir Benetatos fritando hambúrgueres para os companheiros, limpando privadas, lavando o chão do quartel e polindo as viaturas não se configura numa trama propriamente excitante.

Nesta terça-feira, dia de folga de Tony, Jules pegou sua câmera e resolveu seguir os passos do chefe Pfeifer. Por isso está ali junto ao bueiro da rua Church, registrando, com pouquíssimo entusiasmo, a missão rotineira.

Depois de pegar, no térreo da Torre Norte, um elevador expresso que a levou para o lobby intermediário do 78º andar, Patricia Massari, 25 anos, desembarca de um elevador local, parador, no 98º, onde fica a Marsh & McLennan, empresa na qual trabalha.

Na véspera, Patricia fizera um teste de gravidez, que dera positivo. Será seu primeiro filho. Agora, minutos antes de subir para o escritório, ela comprou, numa farmácia do shopping do subsolo do Trade Center, um novo kit de teste, para confirmar o resultado.

Embora no World Trade Center reine a mais absoluta calma, em alguns pontos isolados da região nordeste americana o clima é de grande tensão e nervosismo. No ARTCC (Centro de Controle de Tráfego Aéreo) de Boston, por exemplo, localizado na cidade de Nashua, estado de New Hampshire, os operadores olham aflitos para suas telas esverdeadas e apertam os fones contra os ouvidos.

Aproximadamente meia hora antes, por volta das 8h13, o vôo 11 da American Airlines não só deixara de responder às chamadas dos controladores, como mudara abruptamente de rumo e de altitude, sem pedir autorização para isso. Pior: logo depois, o AAL11 desligou o *transponder* (dispositivo que envia para as telas de radar os sinais de identificação, assinatura eletrônica dos vôos comerciais). Às 8h34, alguém na cabine de comando, com forte sotaque estrangeiro, passou a enviar mensagens estranhas para os centros de controle e para as demais aeronaves. "Temos alguns aviões." "Fiquem quietos e estarão bem." "Estamos retornando ao aeroporto." As frases foram ditas como se o estrangeiro se dirigisse aos passageiros, e não ao mundo exterior.

Para tornar o clima ainda mais tenso, às 8h42 um segundo avião, o vôo 175 da United Airlines, saiu de sua rota e nível de cruzeiro estabelecidos no plano de vôo, emudeceu e desligou o *transponder*.

O Centro Nova York, em Ronkonkoma, Long Island, e a sala de operações do NEADS (Setor de Defesa Aérea do Nordeste), da Guarda Nacional, situado na cidade de Rome, estado de Nova York, acompanham, com o Centro Boston, o mistério que se desenrola no ar. Nenhuma das três unidades pode identificar, com precisão, em suas telas de radar, o AAL11 e o UAL175, pois seus aparelhos de última geração não foram concebidos para distinguir a procedência exata de sinais primários (*blips*) de aviões sem *transponders* ou com *transponders* desligados.

Esses *blips* se misturam aos sinais de diversos helicópteros, pequenos aviões particulares, aeronaves de treinamento, ultraleves, balões meteorológicos e tudo o mais que está no ar esta manhã, até mesmo bandos de pássaros. Sem o sinal do *transponder*, um avião transforma-se em uma agulha num palheiro.

No 98º andar da Torre Norte do WTC, Patricia Massari sai de um dos banheiros da Marsh & McLennan. O novo teste confirma a gravidez. Ela corre para sua sala. Quer dar logo a notícia para o marido, Louis.

O AAL11 agora cruza a vertical da ponta norte da ilha de Manhattan. Voando baixo, em alta velocidade, e forte ângulo de descida, o 767 sacoleja muito, acompanhando o relevo urbano do terreno lá embaixo. O eixo da aeronave oscila, de modo irregular, horizontal e verticalmente, como se o Boeing estivesse atravessando severa turbulência. Isso mantém Mohamed Atta ocupado nos comandos, corrigindo, a todo momento, sua proa. A impressão que o egípcio tem é a de que as Torres Gêmeas, lá longe, tentam fugir da trajetória.

Como estudou exaustivamente os mapas da região, imaginando a hipótese de o ataque ocorrer num dia de pouca visibilidade, Atta, se olhar para baixo, poderá identificar o braço do Hudson saindo para a esquerda e formando o rio Harlem. Um pouco mais adiante, à direita, na posição correspondente ao "1" do ponteiro de um relógio, surge imponente a ponte pênsil George Washington. Lá na ponta sudoeste da ilha, alinhada com a divisória central do pára-brisa do Boeing, a Torre Norte, seu alvo, dobrou de tamanho. Difícil errar.

Setecentos quilômetros a sudoeste do American Airlines 11, o vôo 77, também da American, cruza o rio Kanawha, na Virgínia do Oeste, em sua rota do Aeroporto Dulles, na capital, Washington, para o Aeroporto Internacional de Los Angeles. O vôo transcorre normalmente. Os pilotos, Charles Burlingame e David Charlebois, não foram informados dos incidentes na área de Boston.

Cinco sauditas encontram-se espalhados na cabine de passageiros. Os três que estão na primeira classe se entreolham, conferem seus relógios a todo momento e não tiram os olhos da porta da cabine de comando. Aguardam que uma das comissárias a abra, para servir as bandejas de café-da-manhã aos pilotos, momento combinado para a ação.

— É verdade, Louis, acabei de fazer o novo teste — ao telefone, Patricia Massari fala com o marido. Ela está de pé, junto à janela de sua sala, na fachada norte do prédio. Olha para fora, na direção de Midtown. Sua voz oscila entre eufórica e preocupada. — Nós vamos ter um bebê.

No AAL11, o vôo baixo e a turbulência só agravam o pânico dos 76 passageiros e comissários agrupados, por ordem dos seqüestradores, na parte traseira da classe econômica. Uma das aeromoças, Amy Sweeney, de 35 anos, havia pedido a um dos passageiros um cartão de crédito emprestado. Passando a tarja magnética do cartão no *airphone* (telefone público de bordo, do qual há uma unidade em cada grupo de três poltronas), ela conseguiu se comunicar com Michael Woodward, no escritório de Serviços de Vôo da American Airlines, localizado no aeroporto Logan, em Boston, de onde o AAL11 decolara 47 minutos antes.

Woodward grava sua conversa com Amy.

— O avião está sobre a cidade — ela diz, com calma suficiente para poder articular bem as palavras.

— Dá pra você espiar pela janela? — pergunta Woodward.

— Dá — responde Amy. — Dá pra ver a água. Meu Deus!, estamos voando baixo, baixo demais. Vejo prédios, muitos prédios. O avião está baixo demais — a calma transforma-se em aflição.

Enquanto o AAL11 prossegue em sua rota em direção à Torre Norte, outra aeronave, um Boeing 757 da United Airlines, cumprindo o vôo UAL93, encontra-se uns 30 quilômetros à sua frente, na posição "10" (do relógio imaginário). Tendo decolado do aeroporto de Newark, em Nova Jersey, dois minutos antes, o vôo 93 inicia, sobre Staten Island, uma longa curva no sentido anti-horário, ao final da qual irá se alinhar com sua rota, rumo oeste, na direção de seu destino, São Francisco, a 4.150 quilômetros de distância.

Os quatro aviões, AAL11 (mergulhando sobre Manhattan), UAL175 (que acaba de ser seqüestrado), AAL77 (sobrevoando a Virgínia do Oeste) e UAL93 (agora passando de Staten Island para o Brooklyn), estão abastecidos para poder cruzar o país de costa a costa. Transportam em seus tanques, no total, quase 200 mil litros de combustível.

Junto ao bueiro de gás da rua Church, o francês Jules Naudet fecha sua câmera sobre o chefe Pfeifer. Ouve então o sibilo estridente e ensurdecedor de um avião a jato. Por reflexo condicionado, vira a câmera para o ponto de onde vem o ruído. Também por reflexo, ajusta o zoom do aparelho.

Com a mão esquerda no manche, e a direita empurrando para a frente os manetes de aceleração das duas turbinas, Mohamed Atta vê a imagem com a qual sonhou nos últimos meses. A Torre Norte do World Trade Center se aproxima velozmente. Seus quatro companheiros estão debruçados sobre ele.

— *Allahu Akbar! Allahu Akbar!* (Alá é o maior) — gritam e repetem os cinco ao mesmo tempo.

— Meu Deus — na janela do 98º andar da torre, Patricia Massari grita, ao telefone, para o marido Louis, ao ver o enorme jato vindo em sua direção.

Mike Jacobs trabalha na empresa May Davis, no 87º andar da Torre Norte. Às 8h46min30s, ele pega, no lobby do térreo, um elevador expresso para o andar de transferência (78º). Há apenas um outro passageiro, uma moça. A porta se fecha e o elevador parte.

Mesmo tendo o avião desaparecido por trás de um prédio, Jules Naudet, com enorme sangue-frio, e não menor senso de oportunidade, mantém sua câmera girando para a esquerda, para captar a imagem do outro lado do edifício. E pode ver, através da objetiva, o Boeing chocar-se contra o World Trade Center. Em frações de segundo, o rombo na zona de impacto expele uma gigantesca bola de fogo.

Após subir pouco mais de um andar, o elevador que Mike Jacobs e a moça pegaram no lobby dá um tranco, pára e, logo depois, despenca de volta para o térreo. A queda é pequena e nenhum dos dois se machuca. Jacobs pensa que o cabo de sustentação se partiu. Como a porta não abre, ele, mais do que depressa, aperta o botão de emergência.

Dois mil e quinhentos quilômetros a sudoeste dali, na prisão de segurança máxima Supermax, em Florence, no estado do Colorado, Ramzi Yousef encontra-se em sua cela de oito metros quadrados. O cômodo é dotado de cama, latrina, pia, cadeira e mesinha. Sobre esta, um exemplar do Corão. Em uma armação na parede, a televisão em preto-e-branco de 13 polegadas dentro de alguns minutos irá revelar ao esquálido Yousef que o complô iniciado por ele há quase dez anos finalmente teve sucesso.

Yousef, *o Químico*

Manhã de terça-feira, 1º de setembro de 1992, Aeroporto Internacional John F. Kennedy, Nova York. Entre os milhares de passageiros desembarcando no Terminal de Chegadas Internacionais (International Arrivals Building), encontrava-se Ramzi Yousef, 24 anos, esguio, 1 metro e 83 de altura. Acabava de chegar de Karachi, na primeira classe de um Boeing 747 da Pakistan Airlines. De hábitos refinados, normalmente Yousef vestia Armani. Mas, nesse dia, usava um terno de alfaiate, cortado em seda afegã, que se manteve impecável mesmo após a exaustiva jornada através de meio mundo.

Quando chegou sua vez de se apresentar num dos guichês da Imigração, Yousef exibiu um passaporte iraquiano falsificado, perfeitamente falsificado. E, falando um inglês britânico de ótima qualidade — ele era formado em engenharia no País de Gales —, pediu asilo político aos Estados Unidos.

O funcionário examinou de alto a baixo o bem-vestido passageiro e o encaminhou a uma das salas de interrogatório. Após ser questionado por outro agente, Ramzi Yousef recebeu um visto de permanência temporário, como era de praxe no início dos anos 1990. Yousef se comprometeu a comparecer, dentro de algumas semanas, a uma audiência nos escritórios do Serviço de Imigração, na qual saberia a resposta sobre seu pedido.

Uma vez liberado, e já do lado de fora do terminal, Ramzi Yousef percorreu a pé a fila de táxis, até encontrar um motorista paquistanês (que existem aos milhares, em Nova York). Depois de explicar ao compatriota que acabara de chegar de Karachi, Yousef lhe passou um pedaço de papel onde estava escrito: Atlantic Avenue 552, Brooklyn. Ao ler o endereço, e examinar o homem de pé ao lado de sua janela, o motorista fez um meneio respeitoso de cabeça e mandou Yousef entrar no carro.

Após um trajeto de meia hora, Ramzi Yousef chegou à mesquita Al Faruk, ou MASJID AL FAROOQ, como mostrava o letreiro da fachada. Yousef entrou e foi recebido pelo clérigo encarregado, Omar Abdel Rahman, o *Sheik Cego*. Yousef revelou ser sobrinho de Khaled Sheik Mohamed (KSM), veterano e célebre mujahedin (guerrilheiro muçulmano) do Afeganistão.

Nascido no Egito, Rahman, 54, era cego desde a infância, vítima de diabetes. A deficiência não o impedira de estudar profundamente o Corão e de se tornar um dos mais respeitados estudiosos islâmicos de seu país. Muito menos de ser barbaramente torturado, ao longo de três anos, pela polícia egípcia, que suspeitou de seu envolvimento no assassinato do presidente Anwar el-Sadat, ocorrido durante uma parada militar, em 1981. Na verdade, os sermões de Rahman inspiraram os assassinos.

Embora absolvido no julgamento, Rahman foi expulso do país em meados dos anos 1980. Seguiu para o Afeganistão, onde entrou em contato com seu antigo mentor religioso, um palestino chamado Abdullah Azzam. Este, juntamente com o bilionário saudita Osama bin Laden, havia fundado a Maktab al-Khadamat, "O Escritório de Serviço", mais conhecida como MAK, cujo primeiro objetivo foi o de recrutar voluntários islâmicos para lutar contra os soviéticos. No segundo semestre de 1988, ao final da vitória dos mujahedins, a organização passou a ser conhecida por um nome ainda mais singelo e não mais esclarecedor: "A Base". Em árabe: "al-Qaeda".

Em 24 de novembro de 1989, Abdullah Azzam foi assassinado, juntamente com dois de seus filhos, em Peshawar, no Paquistão, na explosão de um carro-bomba. Embora o crime tenha tido as características de uma disputa pelo poder, ao estilo máfia, a participação de Osama bin Laden no episódio jamais ficou esclarecida. O certo é que a morte de Azzam fez de bin Laden o líder absoluto e inconteste da al-Qaeda.

No ano seguinte, Osama decidiu enviar o *Sheik Cego*, com quem já mantinha uma estreita ligação, religiosa e afetiva, para os Estados Unidos. Sua missão: criar uma base avançada da organização em território americano. A própria CIA facilitou a concessão do visto de entrada de Rahman (emitido na embaixada americana em Cartum), em reconhecimento à sua assistência, no Afeganistão, na luta contra os soviéticos. Antes de ser designado para a mesquita Al Faruk, o *Sheik Cego* se estabeleceu em Jersey City.

Nessa terça-feira de fim de verão nova-iorquino, Omar Abdel Rahman já esperava a chegada de Ramzi Yousef. Este acabara de concluir, no Afeganistão, no campo de treinamento Khaldan, da al-Qaeda, próximo à fronteira paquistanesa, um curso de fabricação de bombas. Lá, aprendeu também a falsificar documentos. Embora fosse engenheiro, Yousef se destacara tanto no manuseio de explosivos que seus colegas o apelidaram de *O Químico*.

Sem maiores rodeios, Ramzi Yousef explicou a Omar Abdel Rahman que o objetivo de sua viagem, já aprovado por Bin Laden, e pelo tio, KSM, era explodir o World Trade Center. Em vez de se assustar com as dimensões do atentado, o *Sheik Cego* ficou tão entusiasmado com o projeto que prometeu a Yousef toda a mão-de-obra de que ele necessitasse. Os recursos financeiros necessários para o ataque, Yousef revelou a Rahman, seriam fornecidos pela al-Qaeda, através de uma conta no Qatar.

A idéia de atacar o Trade Center surgiu de um amigo de infância de Yousef, Abdul Murad. Numa conversa telefônica, travada meses antes, Yousef dissera a Murad que seu sonho era explodir edifícios nos Estados Unidos e matar muitos judeus.

“Então ataque o World Trade Center”, sugeriu Murad.

Desde então, Yousef não pensou em outra coisa. E concluiu, mais por delírio do que por embasamento técnico, que uma carga explosiva colocada num ponto estratégico do subsolo do Trade Center, junto aos alicerces, poderia demolir uma das torres. Na queda, a outra também iria abaixo e, em efeito dominó, boa parte da zona financeira do sul de Manhattan seria destruída. Yousef projetou a morte de 250 mil pessoas, número que superaria, por larga margem, os ataques atômicos contra Hiroshima e Nagasaki, em 1945.

Quando chegou o dia da audiência na Imigração, no prédio do número 26 da Federal Plaza, o asilo político do “iraquiano” Ramzi Yousef foi concedido. Dizendo-se perseguido por Saddam Hussein, então inimigo número 1 da América, Yousef recebeu um visto de permanência nos Estados Unidos.

Livre para agir, durante o outono de 1992 e o início do inverno de 1992/93 Yousef trabalhou com três homens indicados pelo *Sheik Cego*: Mohamed Salameh, palestino, Nidal Ayyad (nascido no Kuwait, de origem paquistanesa) e o egípcio Mahmoud Abouhalima. O grupo alugou um boxe no depósito Self Service Storage, em Nova Jersey. Sob orientação de Yousef, Nidal Ayyad, naturalizado americano e fluente em inglês, adquiriu os componentes necessários para fazer a bomba: nitrato de amônia, óleo diesel e nitroglicerina.

Na penúltima semana de fevereiro de 1993, Mohamed Salameh alugou uma van numa agência da locadora Ryder. Deixou como caução 400 dólares em dinheiro. No boxe do depósito, Yousef e seus companheiros começaram a montar, no interior do veículo, uma carga explosiva de 680 quilos, transformando-o em carro-bomba. No dia 25 de fevereiro, Salameh telefonou para a Ryder. Comunicou o furto do veículo e pediu de volta seu depósito de 400 dólares.

Pouco antes do meio-dia da sexta-feira 26, Ramzi Yousef chegou com a van-bomba ao World Trade Center. Desceu a rampa em espiral do estacionamento rotativo até o nível B-2 da garagem subterrânea. O veículo, com sua carga letal, foi estacionado junto a um dos pilares de sustentação de uma das torres (lá embaixo, ele não identificou qual delas). Yousef acionou o *timer* e tratou de sair rapidamente.

Exatamente às 12h17, a carga explodiu. Abriu um rombo que se elevou até sete andares acima da garagem. Mas os danos ficaram muito aquém das previsões mais pessimistas de Ramzi Yousef. Ou ele não calculara bem a resistência do Trade Center, ou, mais provavelmente, *O Químico* não era tão talentoso, em suas alquimias, quanto seu apelido fazia crer. O certo é que apenas seis pessoas morreram, embora mais de mil tenham ficado feridas.

No próprio subsolo do World Trade Center, Yousef pegou um trem subterrâneo para Jersey City. Lá, do outro lado da boca do Hudson, menos de meia hora após ter acionado a bomba, ele teve a oportunidade de conferir o resultado de seu dominó, de sua Hiroshima particular. Para sua decepção, apenas uma coluna de fumaça rala e esmaecida se erguia paralela às Torres Gêmeas, praticamente intactas.

O Químico havia fracassado.

Apesar do pequeno número de baixas, o atentado revelou a fragilidade do World Trade Center. As Torres Gêmeas ficaram sem energia. Por motivos de segurança, nunca bem esclarecidos, os geradores foram desligados. O sistema interno de comunicações entrou em pane. As escadas, escuras e enfumaçadas, tornaram-se intransitáveis. Os aparelhos de rádio dos bombeiros não funcionaram no interior do prédio. As linhas do telefone de emergência 911, sobrecarregadas, não puderam atender aos pedidos de socorro. A retirada dos ocupantes do Trade Center durou mais de quatro horas.

Nem desse prêmio de consolação Ramzi Yousef tomou conhecimento. No início da noite, ele embarcou, no Kennedy, de volta para o Paquistão, usando um bilhete adquirido semanas antes.

Enquanto o 747 da Pakistan voava para leste, na primeira classe do jumbo a mente sinistra de *O Químico* já poderia, quem sabe, estar pensando numa nova tentativa de destruir as Torres Gêmeas. Pois, nos anos seguintes, essa idéia se tornaria, cada vez mais, sua jihad, seu *leitmotiv* particular, que regaria como uma planta de estimação.

Almoço em Tariq Road

Peritos do FBI não tiveram dificuldade em localizar, separar e identificar os fragmentos da van-bomba que explodira na garagem do World Trade Center. Pelo número do chassi, chegaram ao nome da locadora Ryder, onde foram informados de que a van fora alugada por um palestino chamado Mohamed Salameh. Este, na véspera do atentado, comunicou o furto do veículo.

Salameh permaneceu em Nova York. Continuou cobrando da Ryder a devolução dos 400 dólares. Desconfiado, o FBI passou a vigiá-lo. E considerou seus movimentos suspeitos. No dia 4 de março, com um mandado judicial, agentes o detiveram para averiguações.

Submetido a interrogatório, Mohamed Salameh se contradisse várias vezes. Foi então indiciado. Seguindo seus passos anteriores a 26 de fevereiro, o FBI chegou ao depósito em Nova Jersey e aos nomes dos outros três envolvidos diretamente na explosão. O cidadão americano Nidal Ayyad, que adquirira os componentes dos explosivos, também foi preso.

O FBI descobriu que o exilado político Ramzi Yousef não era iraquiano, e sim paquistanês, tendo voado para Karachi na noite do atentado. Investigações o apontaram como cabeça do grupo.

Mahmoud Abouhalima, que também saíra do país, foi localizado, no Cairo, pela polícia egípcia, e extraditado para os Estados Unidos.

As prisões de Salameh, Abouhalima e Ayyad conduziram o FBI à mesquita Al Faruk, no Brooklyn. Em junho de 1993, Omar Abdel Rahman, o *Sheik Cego*, foi preso e acusado de participação no complô do World Trade Center.

Restava localizar o paradeiro de Ramzi Yousef e capturá-lo.

Enquanto isso, de volta ao Paquistão, *O Químico* continuou com a idéia fixa de desferir novo golpe contra os Estados Unidos. Mas, antes, teve de se proteger. Sabendo que os tentáculos do FBI eram longos, mesmo estando em seu país procurou se esconder em meio a islâmicos radicais. Seus riscos aumentaram quando, em julho de 1994, o Departamento de Estado americano fez distribuir, por todo o Paquistão, 37 mil caixas de fósforos com o nome e a foto de Yousef e dizeres oferecendo recompensa de 2 milhões de dólares por informações que levassem à sua captura.

Abdul Murad, o amigo de infância de Yousef que sugerira o ataque ao World Trade Center, acabava de voltar de uma temporada nos Estados Unidos. Lá, aprendera a pilotar aviões em escolas de vôo do Texas, da Carolina do Norte e do estado de Nova York.

Em agosto de 1994, Yousef e Murad alugaram um depósito na cidade de Lahore, nordeste do Paquistão. A idéia de Yousef era ensinar o amigo a "fazer chocolate", que é como *O Químico* se referia ao preparo de bombas.

— No ano passado, eu errei nos cálculos — admitiu Yousef. — Mas o erro não vai se repetir. Garanto.

— E se a gente, em vez de usar explosivos, transformasse um avião em míssil? — os olhos de Abdul Murad brilharam quando a idéia lhe surgiu.

— Em míssil? — Yousef não entendeu.

— É, míssil, bomba voadora. É só lançar o avião contra um prédio, com um kamikaze nos comandos. Eu mesmo, que sei pilotar, posso fazer isso.

Ramzi Yousef não poderia ter ficado mais impressionado.

— Acho que ninguém pensou nessa hipótese — disse *O Químico*. — Nem meu tio Khaled.

Faltavam sete anos e um mês para o 11 de setembro.

Algumas semanas mais tarde, Ramzi Yousef e Abdul Murad se debruçavam sobre uma travessa fumegante de *nihari* (iguaria apimentada de carne, uma das especialidades do Paquistão), numa saleta privativa de um restaurante da Tariq Road, um bulevar largo e arborizado no centro de Karachi. Apesar das caixas de fósforos que circulavam pela cidade, ali Yousef corria um risco pequeno. Além da proteção das divisórias da sala reservada, o dono e os garçons do estabelecimento eram de confiança. E *O Químico* entrara pela porta da cozinha, nos fundos.

Acompanhando os dois amigos à mesa encontrava-se o lendário Khaled Sheik Mohamed (KSM), tio de Yousef, herói mujahedin da luta contra os soviéticos no Afeganistão. KSM agora se alternava entre um emprego de funcionário público do Qatar e a militância no terrorismo islâmico em diversos países.

— Isso mesmo — disse Ramzi —, aviões comerciais sendo lançados contra alvos em cidades americanas, com pilotos suicidas.

Khaled Sheik Mohamed nasceu no Kuwait, em 1965, filho de um clérigo muçulmano natural do Baluquistão, província remota, pobre e desértica do Paquistão. Aos 19 anos, KSM foi estudar nos Estados Unidos, primeiro no Chowan College, escola batista localizada em Murfreesboro, Carolina do Norte, para um semestre de aperfeiçoamento de inglês.

Dos 650 alunos do Chowan, um décimo vinha do Oriente Médio. Eram chamados, pejorativamente, pelos colegas ocidentais, de *Abbie Dabbies,* numa correlação com o Emirado de Abu Dabi.

Boa parte dos muçulmanos vivia num edifício de tijolo aparente, o Peter Hall, às margens do Lago Vann. Faziam suas orações num dormitório no quinto andar do prédio. Tal como se estivessem numa mesquita, deixavam os sapatos no corredor do lado de fora.

Alguns estudantes americanos simplesmente não resistiam a um trote. E, por mais de uma vez, os sapatos dos árabes foram parar no lago. Certa ocasião, as brincadeiras de mau gosto se agravaram. Um barril com lixo e água, misturados, foi posto, em diagonal, apoiado na porta do dormitório. Quando, após as orações, a porta foi aberta, uma onda de imundícies inundou a "mesquita".

É difícil avaliar quanto isso tudo — os alunos muçulmanos eram também obrigados a assistir aos serviços religiosos cristãos do colégio — afetou Khaled Sheik Mohamed, gerando ódio contra os americanos. O certo é que KSM, bom estudante, completou o semestre de inglês e transferiu-se para a Universidade Agrícola e Técnica da Carolina do Norte, em Greensboro. Mais conhecida como A&T, a instituição era freqüentada principalmente por negros americanos. Mas também havia brancos, hispânicos e muitos africanos e asiáticos, inclusive árabes.

Se houve incidentes, ou discriminação digna de nota, na A&T, isso não ficou registrado. Mesmo porque, naquela instituição, era grande a mistura racial. Mas cada grupo vivia em seu canto. Os americanos, por exemplo, gostavam de jogar futebol e beber cerveja. Os árabes, também de futebol (mas do *soccer*) e de, às sextas-feiras, sangrar carneiros — comprados em fazendas próximas — à moda muçulmana e servi-los em jantares de vinte ou trinta estudantes.

Em dezembro de 1986, três anos após ter chegado aos Estados Unidos, Khaled Sheik Mohamed formou-se em Engenharia Técnica. Regressou ao Oriente e viajou, pela primeira vez, ao Paquistão, terra de seus pais e sua de coração. Seu irmão Zahid, que morava no país, o apresentou a heróis da guerra afegã.

KSM apaixonou-se pela causa dos mujahedins e tornou-se um deles. Foi para o Afeganistão, receber treinamento militar no acampamento Sada. Depois seguiu para o front, onde conheceu Osama bin Laden. Os dois participaram da luta contra o Exército Vermelho. Lutaram, e venceram. Em abril de 1988, as tropas soviéticas começaram a se retirar do país.

Durante o almoço em Tariq Road, KSM ouviu atento as propostas de Ramzi Yousef e de Abdul Murad.

— Um avião, carregado de combustível, pode ser lançado contra a sede da CIA, na Virgínia — disse Murad.

— Ou contra o World Trade Center — acrescentou Yousef, que continuava com o fiasco do ano anterior entalado na garganta.

"Ou contra uma usina nuclear", "ou contra a Casa Branca", as idéias se sucederam.

— Mas, e os pilotos? — KSM perguntou a Murad. — Se não conseguirmos pilotos — prosseguiu —, não poderemos lançar os jatos contra os alvos.

— Há muitas escolas de aviação nos Estados Unidos. Elas aceitam qualquer um. É só pagar. Eu mesmo freqüentei várias.

Naquele mesmo ano de 1994, KSM e Ramzi Yousef viajaram para Manila, capital das Filipinas. Sem descartar a idéia mais ambiciosa, de usar aviões como mísseis, pensaram noutras hipóteses. Uma delas, não muito menos megalômana, e que viria a ser conhecida como Complô Aéreo de Manila, era explodir, quase simultaneamente, 12 jumbos americanos sobre o Pacífico.

Em Manila, Yousef e seu tio dividiram um apartamento. Compraram produtos químicos e componentes de bombas-relógio. Estudaram horários de aviões e rotas do Pacífico. Em experimentos para valer, Ramzi Yousef testou um *timer* digital, de sua invenção, detonando uma bomba deixada num cinema e outra despachada em um vôo Manila–Tóquio, da Philippine Airlines. A explosão não derrubou a aeronave, mas matou um passageiro e provocou, além do pânico, um pouso de emergência em Okinawa.

Contando os seis do World Trade Center, Ramzi Yousef, *O Químico*, o homem da foto nas caixas de fósforos, já era responsável por sete mortes.

No dia 6 de janeiro de 1995, KSM viajou para o Qatar, e Ramzi Yousef e Abdul Murad instalaram-se num apartamento no Bulevar Presidente Quirino, em Manila. A cozinha do imóvel foi transformada em laboratório de experimentos com explosivos.

Ramzi Yousef misturava ingredientes na bancada da pia, quando aconteceu uma reação química inesperada. Uma fumaça tóxica inundou o apartamento e eles foram obrigados a fugir dali. Sucedeu-se uma explosão.

Murad e Yousef refugiaram-se num karaoke próximo. Yousef então se lembrou de haver deixado, no apartamento, seu laptop, cujo HD continha vários planos terroristas, entre eles um de assassinar o papa João Paulo II. Mandou o companheiro ir até lá, pegar o aparelho. A polícia, chamada por vizinhos alarmados com a explosão, prendeu Murad. E se apoderou do laptop e dos ingredientes químico-explosivos de Ramzi Yousef. Este, que viu, de longe, a ação policial, fugiu para o aeroporto. Comprou uma passagem para Cingapura e deixou o país.

Submetido a interrogatórios num quartel da Polícia Nacional filipina, Abdul Murad foi moído impiedosamente.

Após 67 dias, ele cedeu. Revelou os esquemas terroristas de Yousef, contou sobre o complô para matar João Paulo II, falou sobre a idéia de explodir 12 jumbos sobre o Pacífico. Finalmente, disse que ele mesmo, Murad, sugerira o uso de aviões, como mísseis, para atingir edifícios-símbolo em território americano.

O coronel filipino Rodolfo Mendoza enviou um relatório para o FBI, repassando as informações colhidas de Abdul Murad.

Faltavam seis anos e sete meses para o 11 de setembro.

Primeira semana de fevereiro de 1995. Ramzi Yousef, vindo de Cingapura, e Khaled Sheik Mohamed, recém-chegado do Qatar, se hospedavam num hotel de Islamabad, o Su-Casa Guest House, onde se reuniam por horas a fio. KSM, cada vez mais entusiasmado com a idéia de lançar aviões contra alvos americanos, só lamentava a dificuldade de se conseguir homens aptos a pilotar os jatos. Abdul Murad, o único com a qualificação e disposição necessárias, permanecia preso.

Sete meses já haviam se passado desde a distribuição das caixas de fósforos. Então o FBI foi contatado por um homem que Ramzi Yousef tentara recrutar, e que agora buscava os 2 milhões de dólares de recompensa. Segundo revelou o informante, Yousef encontrava-se no Su-Casa, no número 31 da rua 20, em Islamabad. De acordo com o denunciante, Yousef tinha queimadura de ácido nos dedos.

Terça-feira, 7 de fevereiro. Yousef cochilava em sua cama quando quatro homens (dois agentes do Serviço de Segurança Diplomático dos Estados Unidos e dois da Inteligência paquistanesa) irromperam no aposento. *O Químico* não teve nem tempo de se levantar. Foi agarrado pelos policiais que, além de conferir seu rosto, constataram as marcas nos dedos.

Noutro quarto, a poucos metros de distância, KSM não percebeu a movimentação. Muito menos foi incomodado pelos agentes, que não sabiam de sua presença no hotel, nem procuravam o kuwaitiano.

Sem nenhuma formalidade, ou procedimento legal, Ramzi Yousef, mesmo sendo cidadão paquistanês, foi trasladado secretamente para o aeroporto. Um jato especialmente fretado pelo FBI o levou direto de Islamabad para Nova York, onde um helicóptero o conduziu a uma prisão federal próxima. É provável que, do interior da aeronave, *O Químico* tenha visto a silhueta das Torres Gêmeas, de pé, majestosas.

O delator de Ramzi Yousef, cujo nome, por razões óbvias, foi mantido em segredo pelo governo americano, recebeu, do programa *Rewards for Justice* (Recompensas pela Justiça), do Departamento de Estado, o prêmio de 2 milhões de dólares.

Abdul Murad, autor da idéia de usar aviões como armas, estava preso nas Filipinas. Ramzi Yousef, detido em Nova York. Na ausência de seus dois principais conspiradores, Khaled Sheik Mohamed resolveu submeter o plano a Osama bin Laden.

© Polaris

Osama bin Laden, multimilionário saudita, dedicou sua vida à jihad. Na foto, acompanhado de um dos seus filhos, em algum de seus esconderijos no Afeganistão.

O *Samaritano*

Khaled Sheik Mohamed só se encontrou com Osama bin Laden em meados de 1996. Antes disso, KSM pediu demissão de seu emprego público no Qatar e viajou por diversos lugares do mundo. O encontro entre os dois veteranos mujahedins, que não se viam havia sete anos, foi em Tora Bora, um refúgio montanhoso afegão de Bin Laden, próximo a Islamabad e à fronteira com o Paquistão.

Durante o encontro, KSM expôs a idéia de lançar aviões comerciais, seqüestrados e pilotados por kamikases, contra prédios-símbolo dos Estados Unidos. Foi a primeira vez que Bin Laden ouviu falar no assunto.

Osama bin Laden é o 17º filho (de um total de 55) de Mohamed Awad bin Laden, um empreiteiro saudita, multibilionário, que se casou 22 vezes. Osama cursou a Universidade Rei Abdul Aziz, em Jedá, onde se interessou por estudos religiosos inspirados por sermões, gravados em fita, do palestino Abdullah Azzam.

Em 1978, um governo comunista tomou o poder no Afeganistão. Mas não conseguiu exercer domínio sobre a dividida sociedade tribal afegã, o que só veio a acontecer em dezembro do ano seguinte, quando o até então imbatível Exército Vermelho soviético invadiu o país.

Líderes religiosos locais convocaram uma jihad (guerra santa) contra os invasores. Esse movimento de resistência atraiu voluntários muçulmanos de vários lugares do mundo, muitos deles sauditas. Entre estes, o jovem Osama, então com 23 anos.

Magro, 1,96 metro, desengonçado, Bin Laden era um ótimo cavaleiro, além de corredor, alpinista e jogador de futebol. No Afeganistão, logo atraiu a atenção dos outros jihadistas, não tanto pela habilidade como combatente. O que diferenciava o jovem saudita era a simplicidade. Apesar de sua fortuna, usava calças largas e uma longa camisa camponesa de linho cru afegão. À noite, deitava-se num saco de dormir, ao ar livre, no chão áspero e pedregoso do deserto, como os demais guerrilheiros.

Em meio à neve do inverno, os homens dormiam amontoados, esquentando-se uns aos outros. Enfrentavam o calor abrasivo do verão. Bin Laden, tal como os outros, comia o que houvesse, se houvesse para comer.

Nada disso o impedia de praticar a caridade nos campos de refugiados e hospitais de campanha. Isso lhe valeu o apelido de *Samaritano.*

O Reino Saudita e os Estados Unidos forneciam secretamente centenas de milhões de dólares para os rebeldes afegãos. Essa ajuda, na forma de dinheiro, armas, munições, remédios e suprimentos, fluía através do Paquistão. Logo, as agências de notícia espalhavam pelo mundo inteiro imagens dos Davis mujahedins, nas montanhas afegãs, atacando, com mísseis Stinger, terra-ar, de fabricação americana, os helicópteros do Golias soviético.

Em 1987, unidades do Exército Vermelho encurralaram grupos guerrilheiros, nos quais se encontravam Bin Laden e KSM, nas colinas acidentadas do leste afegão. Durante várias semanas os rebeldes sofreram ataques pesados de artilharia e dos helicópteros soviéticos. Mas resistiram e romperam o cerco.

Quando, em abril de 1988, o governo soviético decidiu retirar suas tropas do Afeganistão, Osama bin Laden foi aclamado, no mundo árabe, como um dos principais heróis da vitória dos mujahedins. Transformaram-no em um herói romântico, numa espécie de Che Guevara islâmico. O "Samaritano" virou "Guerreiro Sagrado". Surgiram imagens suas escalando trilhas rochosas afegãs, sorriso e olhar enigmáticos e inteligentes no rosto, empunhando um rádio portátil, fuzil Kalashnikov (ironicamente, soviético) às costas.

Aproveitando-se do prestígio, Bin Laden juntou-se ao seu mentor religioso, Abdullah Azzam. Juntos, abriram células da MAK, o "Escritório de Serviço", em diversos países, para promover a jihad. No segundo semestre de 1988, a MAK tornou-se al-Qaeda. Um ano depois, com o assassinato de Azzam, Osama passou a liderar sozinho o movimento.

Osama bin Laden estava de volta à Arábia Saudita quando, em agosto de 1990, Saddam Hussein invadiu o Kuwait. Mais do que depressa, o guerreiro sagrado se pôs à disposição do governo de seu país, que se via ameaçado pelo exército de Saddam, oferecendo-se para convocar os mujahedins e, com eles, lutar contra os iraquianos. Mas, para sua grande decepção, a oferta foi recusada. A monarquia saudita preferiu juntar-se a uma coalizão especialmente montada pelo presidente George Bush (pai), dos Estados Unidos, para libertar o Kuwait.

Revoltado com a permissão dada às tropas americanas de se basearem no solo sagrado saudita (onde ficam os santuários de Meca e Medina), Bin Laden passou a pregar abertamente a deposição da família real. Em resposta, o governo cassou seu passaporte.

A vitória, em tempo recorde, das tropas aliadas, não abalou o prestígio de Bin Laden. Entretanto, ele continuou proibido de sair do país. Até que, em abril de 1991, com a ajuda de um dissidente da família real, Osama obteve autorização para participar de um encontro islâmico no Paquistão. Depois do evento, em vez de voltar para casa, mudou-se para Cartum, no Sudão, onde o governo local lhe ofereceu refúgio e condições para lá estabelecer a sede da al-Qaeda e campos de treinamento militar. As quatro mulheres e os filhos de Bin Laden, além de grande número de seguidores, foram se reunir a ele em Cartum.

No início de 1992, a liderança da al-Qaeda emitiu uma *fatwa* (proclamação religiosa, supostamente com força de lei) convocando uma jihad contra a ocupação ocidental das terras islâmicas. Nesse mesmo ano, Bin Laden aprovou o plano do paquistanês Ramzi Yousef de explodir as Torres Gêmeas do World Trade Center.

O fracasso de Yousef, em 1993, não desanimou Osama. Ao contrário: agentes da al-Qaeda começaram a estudar alvos americanos ao redor do mundo. Em janeiro de 1994, o primeiro desses alvos foi escolhido: a embaixada dos Estados Unidos em Nairobi, capital do Quênia.

Nesse mesmo ano, a Arábia Saudita cassou a cidadania de Bin Laden, transformando-o em um apátrida.

Dois anos depois, quando as autoridades sudanesas sofriam forte pressão americana para expulsar Bin Laden, este se antecipou e saiu do país. No dia 19 de maio de 1996, o líder da al-Qaeda retornou ao Afeganistão com sua família, seus guarda-costas e vários de seus camaradas veteranos mujahedins. Mudou-se para Jalalabad, onde esperou para ver qual dos grupos islâmicos afegãos que lutavam pelo poder no Afeganistão pós-soviético iria predominar.

Osama bin Laden gostou tanto da idéia exposta por Khaled Sheik Mohamed, de usar aviões como mísseis, que convidou o ex-camarada para se filiar à al-Qaeda. Mas, para sua surpresa, KSM recusou a oferta. Quis permanecer independente.

Em setembro de 1996, Jalalabad e depois Cabul foram tomadas pelos radicais do Talibã, grupo político-religioso, liderado pelo clérigo fanático Mulá Omar, que praticava um islamismo medieval. Bin Laden uniu-se ao vencedor. Enquanto isso, Khaled Sheik Mohamed fixava residência em Karachi, no Paquistão, 1.100 quilômetros a sudoeste de Islamabad.

No ano seguinte, Osama bin Laden e Khaled Sheik Mohamed se encontraram várias vezes. Embora sem se filiar à al-Qaeda, KSM ensinou os lugares-tenentes de Bin Laden a operar computadores e usar a Internet. Embora sem se comprometer com o projeto de KSM, Osama lhe deu um nome: Operação Aviões. Mas, naquele momento, o *Samaritano* se concentrava mais nos ataques a embaixadas americanas na África.

Enquanto Bin Laden estudava como golpear os Estados Unidos, os serviços americanos de inteligência também se preocupavam com ele. No final de 1997 e início de 1998, a Unidade Bin Laden (sim, sua importância já merecia isso) da CIA desenvolveu diversos planos para, através de tribos inimigas do Talibã, capturar ou matar o *Samaritano*. Essas operações chegaram a ser ensaiadas em campo aberto, mas nunca se materializaram.

Em fevereiro de 1998, a al-Qaeda tornou-se uma instituição mais forte ao fundir-se com a Jihad Islâmica Egípcia, do médico egípcio Ayman al Zawahiri. Este assumiu a vice-liderança da entidade. No mês seguinte, as equipes encarregadas de atacar as embaixadas na África foram agrupadas em Nairobi e na capital da Tanzânia, Dar es Salaam, onde a al-Qaeda mantinha uma operação de contrabando de diamantes.

Nessa mesma época, ao ser entrevistado pelo correspondente John Miller, da rede americana de televisão ABC, Osama Bin Laden declarou:

— Se a presente injustiça continuar, moveremos nossa batalha para o solo americano.

Faltavam três anos e quatro meses para o 11 de setembro.

No leste da África, a movimentação da al-Qaeda era frenética. A linha de frente dos ataques comprara os caminhões que seriam transformados em bombas. Nos primeiros dias de agosto, os últimos jihadistas, com exceção dos encarregados de dirigir os veículos até a frente das embaixadas, abandonaram Nairobi e Dar es Salaam.

Sexta-feira, 7 de agosto de 1998. As duas explosões ocorreram com intervalo de quatro minutos: 10h35 em Nairobi; 10h39 em Dar es Salaam, 700 quilômetros a sudeste. Foram mortos 212 africanos e 12 cidadãos dos Estados Unidos. Eram 5h35 da manhã em Washington quando o assessor de Segurança Nacional Sandy Berger acordou o presidente Clinton, na Casa Branca, dando conta dos atentados.

As primeiras investigações apontaram para a al-Qaeda, que, por sinal, não fez nenhum esforço para esconder sua participação. A luta velada de Bill Clinton contra Bin Laden tornou-se uma guerra aberta. Mísseis disparados de navios americanos, estacionados no Golfo Pérsico, destruíram o campo de treinamento Khowst, no Afeganistão. O ataque não fez uma vítima sequer entre a liderança da al-Qaeda, que, antecipando-se à retaliação, fugiu a tempo.

Os Estados Unidos atacaram também o laboratório farmacêutico de al Shifa, em Cartum, onde, supostamente (hipótese que se revelaria incorreta), armas químicas eram fabricadas.

Cerca de trinta pessoas foram mortas nos dois contra-ataques.

No início de 1999, KSM se filiou formalmente à al-Qaeda. Mais do que depressa, Osama bin Laden deu sinal verde para a Operação Aviões. Esta agora contava com um elenco abundante de jihadistas, além de suporte logístico e financeiro.

Durante a primavera, Bin Laden passou a cuidar pessoalmente do projeto. Convocou, ao complexo de Matar, próximo à cidade de Kandahar, Khaled Sheik Mohamed e o chefe de operações militares da al-Qaeda, o egípcio Mohamed Atef. Discutiram alvos em potencial. Bin Laden não escondeu sua preferência pela Casa Branca e pelo Pentágono. KSM, pelo World Trade Center. O Capitólio foi uma escolha unânime.

Cada vez mais entusiasmado com a idéia, mas com pouco senso prático, Osama começou a selecionar os pilotos suicidas. Os dois primeiros, Khalid al Mihdhar e Nawaf al Hazmi, não conheciam a Europa Ocidental, muito menos os Estados Unidos. E nada entendiam de aviões. Eram apenas guerrilheiros, veteranos jihadistas da Bósnia, Chechênia e do próprio Afeganistão. Mas Bin Laden considerava de grande simbolismo o fato de ambos terem nascido na cidade sagrada de Meca.

Mihdhar e Hazmi foram designados para o acampamento de Mes Aynak, que a al-Qaeda acabara de instalar numa antiga mina de cobre russa, nas proximidades de Cabul. Lá, o treinamento era rigoroso: preparação física, lutas marciais, manuseio de armas brancas, revólveres, rifles de assalto, metralhadoras e lançadores de mísseis, tiro ao alvo de cima de motocicletas e combates noturnos. Os aspirantes a mártires recebiam comida de primeira e outras regalias. Mas nada aprenderam sobre aviões, não estudaram inglês e muito menos receberam lições sobre a vida e os costumes do Ocidente.

No verão, dois outros homens foram selecionados por Bin Laden: Tawfiq bin Attash e Abu Bara al Yemeni. Mas KSM vetou os nomes. Por serem iemenitas, dificilmente obteriam visto de entrada nos Estados Unidos. Seria perda de tempo treiná-los. Fora o fato de que Bin Attash não tinha uma das pernas, arrancada na explosão de uma mina terrestre no campo da al-Qaeda.

Durante todo o segundo semestre de 1999, o treinamento prosseguiu. Mas os homens à disposição da al-Qaeda, embora dispostos a morrer pela jihad, não apresentavam os requisitos mínimos necessários para aprender a pilotar aviões e, por conseguinte, lançá-los contra alvos nos Estados Unidos.

Na segunda quinzena de dezembro, os ventos finalmente sopraram a favor de Khaled Sheik Mohamed, que já começava a desanimar devido à ausência de pessoal qualificado. Nessa ocasião, chegaram a Kandahar quatro aspirantes a jihadistas, todos com nível universitário, todos morando em Hamburgo, na Alemanha. Entre eles, um muçulmano, muito devoto, que conhecia quase de cor o texto do Corão.

O que mais impressionou Khaled Sheik Mohamed foi o fato de que o recruta, além da Alemanha, conhecia a França e a Holanda, falava fluentemente alemão e inglês e vestia, com desembaraço, roupas ocidentais.

Marwan al Shehhi, 21 anos, filho de um pregador, era natural de Ras al Khaimah, nos Emirados Árabes Unidos.

TRAJETÓRIA DO VÔO UAL175

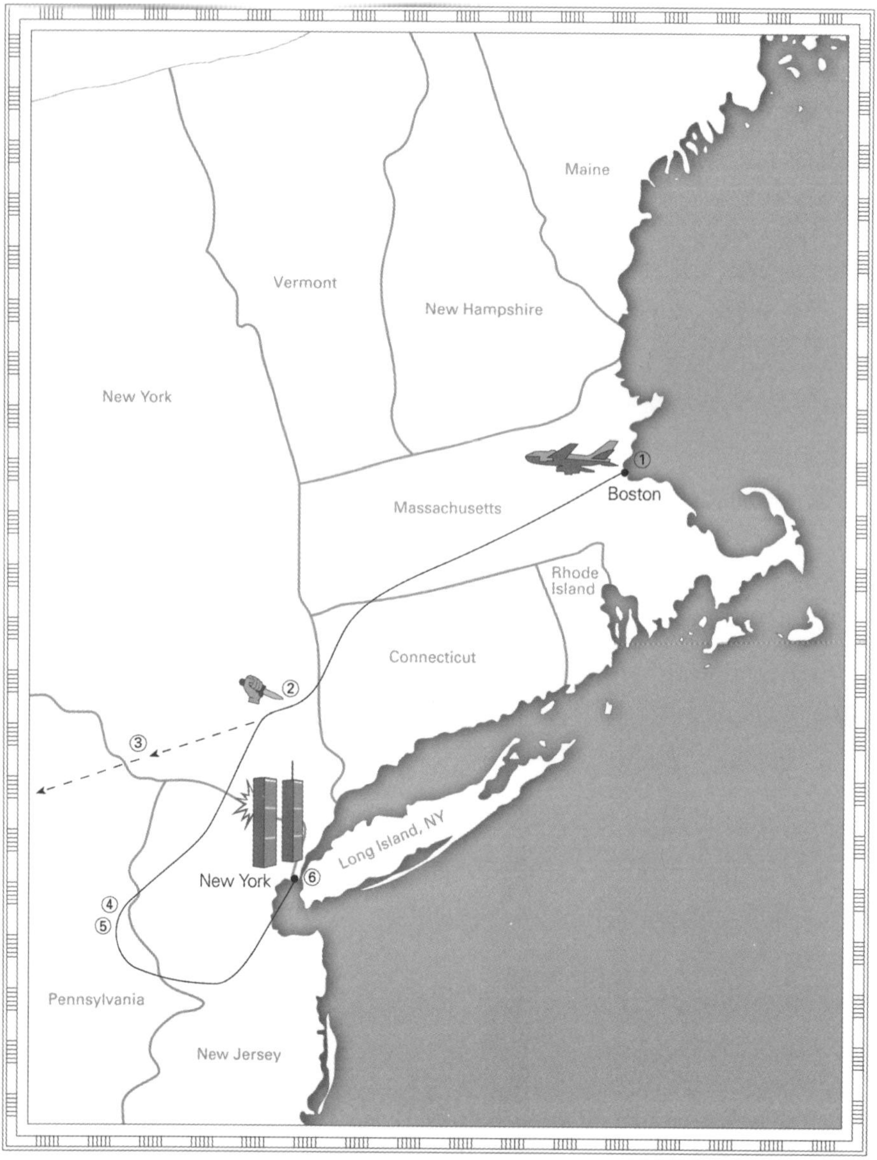

1. *Aeroporto Logan, Boston: decolagem às 8h14*
2. *Seqüestro do avião, entre 8h42 e 8h46*
3. *Rota que o avião deveria seguir rumo a Los Angeles*
4. *O seqüestrador desliga o* transponder*, cortando a comunicação com o centro de controle*
5. *Início do curso para poder atingir o WTC vindo do sul*
6. *Choque contra a Torre Sul do WTC, às 9h03min11s*

11 DE SETEMBRO – NOVE DA MANHÃ

Embora os vôos AAL11 e UAL175 cumpram o mesmo percurso, Boston–Los Angeles, o 175 segue uma rota mais ao sul. Após o seqüestro, executado sobre a ponta sudeste do estado de Nova York, Marwan al Shehhi, pilotando o 175, parte em direção ao seu alvo, a Torre Sul do Trade Center. Sua navegação é mais complicada do que a do amigo Mohamed Atta, que, 13 minutos antes, espatifara o AAL11 contra a Torre Norte. Atta se limitou a acompanhar o leito do rio Hudson, de Hudson Falls até a ponta sul de Manhattan.

Nove da manhã. Shehhi se dirige velozmente à Baía de Nova York, vindo do sudoeste, como se procedesse da Filadélfia. Para atingir a Torre Sul, sem ter a Torre Norte como obstáculo, precisa vir do lado oposto ao de Atta. Por isso, após se apoderar do vôo 175, e se familiarizar com os comandos do 767, procedimento que dura uns dez minutos, ele executa uma curva de 90° para a esquerda, seguida de um vôo reto de sete minutos sobre o leste da Pensilvânia.

Próximo à costa, faz nova curva, também de 90°, e também à esquerda, e entra na final longa do alvo. Durante a operação de descida, Shehhi pôde ver, ao longe, pela janela esquerda da cabine, em meio à skyline de Manhattan, uma espessa coluna de fumaça negra saindo da Torre Norte, sinal de que a missão de Mohamed Atta fora bem-sucedida.

Duzentos e quinze quilômetros a oeste do UAL175, o vôo 93 da United voa há quase vinte minutos. O comandante Jason Dahl e o co-piloto Leroy Homer já completaram os procedimentos de subida desde o aeroporto de Newark. Encontram-se, em vôo de cruzeiro, a 10.600 metros de altura, no través sul da cidade de Williamsport, Pensilvânia.

Nas cabines de primeira e econômica, as cinco comissárias de bordo servem o café-da-manhã aos passageiros. Entre estes, um libanês, Ziad Jarrah, e três sauditas, Saeed al Ghamdi, Ahmad al Haznawi e Ahmed al Nami. Estão todos na primeira classe. Jarrah, o líder, sentado na primeira fila, numa poltrona próxima à porta do *cockpit*, tem boas razões para estar otimista. O tempo lá fora está magnífico e o avião, quase vazio. Embora Jarrah não saiba o número exato de passageiros, além deles, seqüestradores, são apenas 34 nas duas classes, pouco mais de 20% da capacidade do Boeing.

A única preocupação de Ziad Jarrah é o atraso do vôo, causado por uma grande fila de jatos na *taxiway* (pista de taxiamento) de Newark. O vôo 93 decolou quase meia hora depois do previsto, dessincronizando as ações. A esta altura, a onda de ataques já pode ter-se iniciado. Os pilotos do UAL93, com certeza, serão, a qualquer momento, alertados sobre os outros seqüestros.

De vez em quando Jarrah dá uma olhada para os lados, para ver se alguém o está observando, e verifica, num aparelho portátil de GPS (equipamento de localização via satélite), o posicionamento do avião.

Se Ziad Jarrah tivesse alguma informação sobre a identidade ou a natureza dos ocupantes do vôo 93, teria outras razões para se preocupar. O pequeno universo de 41 almas (entre passageiros e tripulantes) constitui um grupo atípico, nada parecido com bois a caminho do matadouro.

Tom Burnett, 38, por exemplo, foi jogador de futebol americano em Minnesota. Mark Bingham, 31, 1,94 metro de altura e 90 quilos, joga rúgbi em um time amador de São Francisco. Richard Guadagno, 38, toma conta de um refúgio de vida selvagem, na Califórnia. Faz regularmente cursos de reciclagem no FBI, que incluem aulas de defesa pessoal. Jeremy Glick, 31, 1,86 metro de altura e 100 quilos, de braços musculosos, é faixa preta e campeão de judô e já praticou luta livre. Joey Nacke, 42, é levantador de pesos. Linda Gronlund, 46, gerente ambiental da BMW, é faixa marrom de caratê. CeeCee Lyles, uma das comissárias, é ex-detetive de polícia.

A inquietação de Ziad Jarrah, com relação ao atraso na decolagem, dessincronizando o vôo 93 dos outros seqüestros, é mais do que justificável. O terceiro deles já aconteceu, por volta das 8h52 da manhã, quando o vôo 77 da American Airlines foi dominado por cinco árabes ao sobrevoar a tríplice divisa: Ohio, Kentucky e Virgínia do Oeste. Agora, nove minutos depois, o AAL77 encontra-se no través norte de Charleston, 500 quilômetros a sudoeste do UAL175 e 470 quilômetros, também a sudoeste, do vôo 93.

No American 77, Nawaf al Hazmi, segundo em hierarquia no grupo de ataque da Operação Aviões, e três dos seqüestradores controlam os passageiros, mantendo-os nos fundos da classe econômica. Na cabine de comando, o saudita Hani Hanjour usa o piloto automático para navegar. Seu destino: Washington, de onde o vôo decolou há quarenta minutos. Pela janela da direita, Hanjour pode ver o vale do Kanawha, que desce para o sul.

Como, às 8h56, Hanjour desligou o *transponder*, o Centro Indianápolis, responsável pela área, perdeu o sinal do vôo 77. Resta aos operadores identificar, em suas telas, os *blips* primários do Boeing, sem a ajuda do sofisticado software do Centro, que não os reconhece.

O controlador do AAL77 tenta se comunicar, pelo rádio, com a aeronave. Mas não recebe resposta. Interpreta a ausência dos sinais do *transponder* como decorrente de uma pane nos sistemas eletrônicos do American 77.

Levando consigo o casal de filhos pequenos, Drake, 3 anos, e a garotinha Chandler, 1 ano e oito meses, Shelley e Donn Marshall saíram de casa, no condado de Charles, 40 quilômetros ao sul de Washington, de manhã cedo. Ambos trabalham no Departamento de Defesa. Shelley, no prédio do Pentágono; Donn, na Agência de Inteligência, em Crystal City, distante pouco mais de 1 quilômetro do escritório da mulher.

Os dois foram em carros separados, pois seus horários de saída eram diferentes. Donn levou as crianças. No meio do percurso, Shelley deu uma parada, num posto de abastecimento da rodovia federal 301, para encher o tanque. Donn custou a perceber, passou direto e os dois se perderam de vista.

Pai e mãe voltaram a se encontrar na creche do Pentágono, onde Donn deixou Drake e Chandler. Depois ele seguiu para Crystal City. Shelley foi para seu escritório no anel externo da ala oeste do Pentágono.

Na cidade de Nova York, helicópteros da polícia sobrevoam a Torre Norte em chamas. Entre eles, o Aviation 14, um Bell 412 que tem como piloto Timothy Hayes e co-piloto Patrick Walsh. A fumaça encobre o terraço do prédio atingido. Hayes conclui que, ao menos por enquanto, é impossível tentar um resgate. Mas fica por ali, dando voltas ao redor do incêndio.

Lá embaixo, as estações de metrô estão sendo evacuadas. O oficial em comando do PAPD (Departamento de Polícia da Administração do Porto) ordena que todos os sete prédios do World Trade Center sejam desocupados. Mas sua ordem não é recebida pelo encarregado de segurança da Torre Sul.

Sean Murtagh, vice-presidente de Finanças e Administração da CNN, foi uma das testemunhas do choque do AAL11 contra a Torre Norte. No prédio da emissora, próximo à quina sudoeste do Central Park, ele se preparava para iniciar uma reunião quando ouviu um ruído forte de turbinas de jato. Deu uma olhada pela janela, a tempo de ver, segundos depois, 7 quilômetros, ou oitenta quarteirões, ao sul, um avião que lhe pareceu um 737 chocar-se contra o Trade Center. Murtagh questionou seus próprios olhos:

"Eu não vi o que acabei de ver."

Naquela terça-feira, para desânimo do pessoal na redação, logo abaixo do escritório de Murtagh, nada acontecia, com a exceção, pouco palpitante, de eleições primárias para a sucessão do prefeito da cidade, Rudolf Giuliani. Nada acontecia, até Murtagh irromper na sala:

— Um avião bateu no World Trade Center.

Como se uma corrente elétrica tivesse sido conectada, interligando as pessoas, poderosa carga de adrenalina se espalha pela redação. Ninguém mais consegue trabalhar sentado. Um olho na tela dos computadores, outro na tela das concorrentes, surgem os primeiros comentários:

— É, um avião, um Cessna, Cessna, não... um jato comercial, um 737, o Murtagh que viu, sei lá, porra, um maldito avião bateu no Trade Center.

Câmeras são postas no terraço. Apresentadores são chamados em suas casas. Repórteres, despachados para a rua. Em questão de minutos, no boca a boca excitado dos telefones, no abre e fecha dos e-mails, em Nova York, na Costa Leste, no país, no mundo, nos 24 fusos horários a notícia se espalha:

— Juro! Liga a televisão. Põe na CNN.

Como sempre, os primeiros boletins são cautelosos.

— Notícias não confirmadas dão conta de que um avião bateu numa das torres do World Trade Center.

As primeiras imagens (que valem mil palavras) captadas do terraço mostram uma grossa coluna de fumaça negra saindo dos andares superiores da Torre Norte. Um observador mais atento pode notar que o rombo no edifício tem o formato de um avião. No canto inferior da tela, os telespectadores vêem a marca registrada: "Breaking news" (algo como "notícias que acabam de chegar").

Um diretor grita para a apresentadora Carol Lin:

— Vá para a bancada. Estamos transmitindo direto.

A câmera fecha sobre a Torre Norte, mostrando o ponto onde o AAL11 deflorou o prédio. Destroços fumegantes despencam lá de cima. Logo, unindo telespectadores e jornalistas no mesmo desespero, percebe-se que pessoas, fugindo do fogo, estão pulando, do topo da torre, para a morte.

Já no ar, Carol Lin não consegue dizer outra coisa que não um agoniado "Santo Deus!".

Mike Jacobs, que pegara um elevador no térreo da Torre Norte, segundos antes do choque do vôo 11 da American Airlines, está preso, com uma moça, há 14 minutos. Os dois não fazem a menor idéia de que um avião se chocou contra a torre, muito menos que, acima deles, os andares do topo estão pegando fogo. Jacobs acha que o incidente se limita ao seu elevador e tenta falar através do interfone da cabine. Está irritadíssimo porque ninguém o atende.

Brian Clark estava na sala de operações da Euro Brokers, firma de corretagem de títulos situada no 84º andar da Torre Sul, desde as 7h15, uma hora e 15 minutos antes da abertura dos primeiros mercados americanos. Nesse tempo, ele pôde ver as cotações na Ásia e na Europa. Isso lhe dava uma boa idéia de como abririam as bolsas de Chicago e Nova York.

Além de sua atividade profissional, Clark é bombeiro voluntário. Assim que o AAL11 se chocou contra a outra torre, mesmo sem saber direito o que acontecera, Clark pegou sua lanterna e seu apito e começou a orientar os colegas a abandonar o prédio. Mas nem todos quiseram sair. Ron di Francesco, por exemplo, que tinha operações importantes a fazer no mercado, preferiu continuar trabalhando. Afinal de contas, os telefones e os terminais de cotação e de notícias funcionavam normalmente. O próprio Clark permaneceu por ali, vendo quem mais precisava de ajuda.

São seis da manhã em San Ramon, Califórnia, três fusos horários a oeste da Costa do Atlântico. As três filhas de Deena e Tom Burnett, Halley e Madison (gêmeas, 5 anos) e Anna Clare, 3, descem, com a mãe, para o térreo da casa. É início do ano letivo. Halley e Madison estão no jardim-de-infância. Anna Clare, no maternal. Para Deena, ex-comissária de bordo da Delta Airlines, é a hora mais atarefada do dia. Precisa vestir as três meninas e preparar-lhes o café-da-manhã.

Deena Burnett liga a televisão, para ver a previsão meteorológica e poder escolher as roupas das crianças. Em vez disso, vê o World Trade Center em chamas, após ter sido atingido por um avião. Seu marido, Tom, que está em Nova York, volta hoje para casa. Mas Deena não sabe o número do vôo dele, nem o horário, nem mesmo a companhia aérea. Portanto não tem a menor idéia de que Tom já se encontra no ar há 17 minutos, a bordo do UAL93.

Depois de ter assistido, junto ao bueiro de gás da rua Church, ao AAL11 se chocar contra a Torre Norte, o chefe do 1º Batalhão dos Bombeiros, Joseph Pfeifer, saltou para sua picape e partiu para o Trade Center, levando, de carona, o documentarista francês Jules Naudet.

Sete minutos após o impacto, ambos estão no lobby do térreo da torre atingida. Uma das primeiras cenas filmadas por Jules é a de duas tochas humanas. Uma bola de fogo, tendo descido por um dos poços de elevadores, se expandiu no oxigênio do saguão e envolveu em chamas essas pessoas. Bombeiros conseguem abafá-las.

Pfeifer manda as equipes que chegam subirem, pela escada C, até a zona de impacto. Isso significa escalar 94 andares com até 45 quilos de equipamentos nas costas. Resignadamente, os bombeiros se apressam em cumprir a ordem.

Os operadores do Centro Nova York de Controle de Vôo, em Ronkonkoma, haviam perdido os sinais do *transponder* do UAL175.

Depois ficaram sabendo do destino trágico do AAL11. Agora tomam conhecimento de que o vôo 77 da American Airlines, de Washington para Los Angeles, também sumiu, há quatro minutos, das telas de radar de Indianápolis e Washington. Passam a ser três os *transponders* desligados.

Não há mais dúvida de que vários seqüestros simultâneos estão em andamento. Isso não ocorre desde setembro de 1970, quando a Frente Popular de Libertação da Palestina seqüestrou, e explodiu em aeroportos da Jordânia e do Egito, numa mesma operação, quatro jatos comerciais. Só que, naquela ocasião, os passageiros foram libertados antes das explosões.

De repente, surge na fonia de Ronkonkoma a voz aflita de um controlador de torre de um dos aeroportos da Grande Nova York.

— Peguei um *blip* em minha tela, na costa de Nova Jersey. Meu Deus, está vindo para cá. Desce muito rápido, 3 mil metros, 2.750...

Na Torre Sul do WTC, Ed Nicholls, da Aon Seguros (102º andar), e Ling Young, auditora da Secretaria Estadual de Finanças (87º), após terem descido, em elevadores locais, de seus escritórios, para o saguão de transferência do 78º andar, agora pretendem pegar um expresso para o térreo. Mas são demovidos da idéia por um guarda de segurança.

— Não há necessidade de abandonar o prédio — diz ele. — O problema é só na Torre Norte.

Se Nicholls e Ling optam por interromper a descida no 78º, Stanley Praimnath, funcionário do Banco Fuji (81º), age mais rápido: pega dois elevadores até o térreo, onde chega por volta das 8h55. Só que, também convencido por um segurança, decide regressar lá para cima.

Ronkonkoma agora detecta o *blip* do 175. A aeronave perde altura rapidamente e ruma para a ponta sul da ilha de Manhattan.

— Você descobriu quem é? — pergunta, aflito, o controlador do Centro ao colega da torre em Nova York.

— Nós só... nós só... nós não sabemos — a fala confusa iria ficar registrada na fita do gravador.

O Centro de Controle tenta falar diretamente com o 175, mais por desencargo de consciência. Ou talvez seja apenas uma torcida.

— Suba, homem, suba — o gravador registra. — Suba, homem, suba. — Mas logo a súplica se transforma em conformismo.

— Parece que outro está vindo — desespera-se Ronkonkoma.

Na cabine de comando do UAL175, Marwan al Shehhi tem, à sua direita, quase na vertical, a orla leste de Staten Island. Logo à frente, também do lado direito, a ponte Verrazano. Na proa do avião, a parte superior da Baía de Nova York. A Torre Sul está uns 15 quilômetros adiante. Shehhi, controlando os manetes de aceleração, para não pôr tudo a perder por causa de um excesso de velocidade (*overspeed*), que poderia causar uma pane estrutural, vê claramente a fumaça saindo da Torre Norte, por trás de seu alvo.

Trinta e cinco metros atrás de Shehhi, sentado numa das poltronas da classe econômica, Peter Hanson, 32, vendedor de softwares, está viajando com sua mulher, Sue Kim, 35, e a filhinha do casal, Christine, de apenas 2 anos. Peter fala pela segunda vez com seu pai, Lee Hanson, pelo telefone celular. Lee está em sua casa em Easton, Connecticut.

Na primeira ligação, Peter narrou o seqüestro. Contou que uma comissária foi esfaqueada e que os seqüestradores espalharam gás Mace (de pimenta) pela primeira classe e disseram ter uma bomba.

No 84º andar da Torre Sul, Ron di Francesco, que, antes, não quis se afastar do trabalho, continua na sala de operações da Euro Brokers. Brian Clark está próximo a ele. Faltam 27 minutos para a abertura dos mercados. No saguão de transferência (78º andar), Ed Nicholls e Ling Young esperam um elevador para subir. Todos, Di Francesco, Clark, Nicholls e Ling, ouvem a voz de um agente de segurança, no sistema de som da torre:

— Não há necessidade de abandonar o prédio. Por favor, aqueles que estão descendo, podem retornar aos seus escritórios.

Enquanto o UAL175, sacolejando muito por causa da velocidade, perde altura rapidamente sobre as águas da baía, no rumo da Torre Sul, o passageiro Peter Hanson continua na linha com seu pai. Diz que a situação a bordo piorou. As manobras são bruscas e muitos passageiros estão vomitando.

— Eu acho que nós vamos cair — ele conclui.

Marwan al Shehhi empurra os manetes até o fim.

A bordo do helicóptero *Aviation 14*, os pilotos Hayes e Walsh tomam o maior susto de suas vidas, ao ver o enorme jato indo contra o prédio.

— Meu Deus! — grita Hayes, comandando uma guinada brusca, para não entrar em rota de colisão com o avião que se aproxima.

Talvez por causa do helicóptero, Al Shehhi quase perde o ângulo da curva. Precisa inclinar o avião fortemente para a esquerda, para não errar o alvo.

Na Torre Sul, Stanley Praimnath encontrava-se de volta ao seu escritório no 81º andar. O telefone toca. É uma amiga, falando de Chicago.

— Você está bem? — ela pergunta. — Estou vendo tudo na televisão.

— Está tudo OK — Praimnath responde, olhando para fora. Vê então o jato fazendo uma curva inclinada e vindo em sua direção. A manobra é acompanhada, na tela da tevê em Chicago, pela amiga.

Num derradeiro esforço, Marwan al Shehhi consegue trazer o nariz do avião para a esquerda. Não erra mais.

Em Easton, Connecticut, Lee Hanson vê o avião de seu filho, sua nora e sua netinha se espatifando contra o World Trade Center.

A CÉLULA DE HAMBURGO

Hamburgo, Alemanha, 1998. Faltavam três anos para o 11 de setembro.

Marwan al Shehhi, 20 anos, e Mohamed Atta, 30, eram alunos da Universidade Técnica Hamburg-Harburg, no bairro do mesmo nome. Os dois dividiam o aluguel de um apartamento com um terceiro estudante, Ramzi Binalshibh, na Marienstrasse, 54, também em Hamburg-Harburg.

Atta nasceu em 1968, no Egito, filho de um bem-sucedido advogado. Em 1990, formou-se em Arquitetura na Universidade do Cairo e conseguiu um emprego de planejador urbano. Lá mesmo, na capital egípcia, conheceu uma família alemã, que não só lhe sugeriu prosseguir seus estudos (mestrado e doutorado) em Hamburgo, como se ofereceu para hospedá-lo nos primeiros tempos.

Após iniciar um curso de alemão no próprio Cairo, Atta seguiu viagem. Foi primeiro para Stuttgart, onde continuou aprendendo a língua. Só no outono de 1992 mudou-se para a Universidade Técnica, em Hamburgo. Foi viver com a família que conhecera no Egito. O relacionamento não foi bom e logo eles lhe pediram para deixar a casa. Atta passou a dividir um minúsculo quarto-e-sala com um colega. Também não deu certo. O rapaz foi embora. Tentou com outro, sem sucesso. E mais um outro. E outro. Esse entra-e-sai durou cinco anos. Do Egito, o pai cobrava o mestrado e o doutorado. Mas Atta ia mal nos estudos e protelava a volta para casa por ter se envolvido com radicais islâmicos.

Como não raro acontece na Europa, Mohamed Atta, vez ou outra, se via vítima de preconceito. Talvez por isso ele, aos poucos, tenha se segregado com os seus. O estudante egípcio, que até então nunca havia sido muito fervoroso na prática do islamismo, tornou-se freqüentador assíduo da mesquita Quds, no centro de Hamburgo, ponto de reunião de muçulmanos radicais.

Atta limitou ao mínimo seu relacionamento com os kaffirs (infiéis), conversando com eles só o estritamente necessário. Deixou a barba crescer. Leu textos do *Hadith* (coletânea de pregações e passagens da vida do Profeta). Fundou um grupo de preces que se reunia na própria mesquita.

Para não ter de pedir mais dinheiro ao pai, Atta passou a levar uma vida monástica. Vestia sempre a mesma calça e uma suéter tricotada pela mãe. Observava todas as obrigações religiosas. Em maio de 1995, cumpriu o ritual do *haji*, peregrinação, a Meca, que os muçulmanos devem fazer pelo menos uma vez na vida. A visita aos lugares sagrados do Islã o tocou profundamente.

De volta a Hamburgo, Atta elevou o rigor de suas penitências. Adquiriu o hábito de passar dias e dias comendo purê de batatas. Só purê. Uma vez cozidas, amassava as batatas com um garfo e comia na própria panela. Quando se sentia satisfeito, guardava o resto na geladeira, com garfo e tudo. No dia seguinte, tirava, voltava a esquentar e comia.

Aos poucos, o egípcio foi abandonando os estudos. O Islã ditava seus passos e pensamentos.

Em meados de 1995, Mohamed Atta conheceu, na Mesquita Quds, o iemenita Ramzi Binalshibh, então com 23 anos. Este proclamava abertamente seu desprezo pela cultura e sociedade ocidentais. Tendo pedido demissão de um emprego de escriturário no Banco Internacional do Iêmen, Binalshibh desembarcou a primeira vez na Alemanha com um passaporte falso, no qual aparecia como Ramzi Omar. Teve seu pedido de asilo negado e regressou ao Iêmen, onde tentou obter visto de entrada nos Estados Unidos, também sem sucesso. Voltou à Alemanha, agora usando seu nome verdadeiro e identificando-se como estudante.

O terceiro morador da Marienstrasse, 54, Marwan al Shehhi, profundo conhecedor do Corão, obteve o diploma secundário em sua terra natal, Emirados Árabes Unidos, em 1995. Chegou à Alemanha em abril do ano seguinte, para fazer faculdade. Também passou pela experiência fracassada de morar com uma família local. Depois dividiu, com dois outros bolsistas, um apartamento em Bonn, onde estudou alemão e matemática antes de se mudar para Hamburgo. Na nova cidade, descobriu logo a Mesquita Quds. Entre uma e outra reunião de preces, fez amizade com o egípcio Atta e com o iemenita Binalshibh. Daí a mudarem-se para o mesmo apartamento foi um pulo.

Na mesquita, um pregador chamado Mohamed Haydar Zammar, ex-mujahedin no Afeganistão e na Bósnia, convocou os fiéis a participar da jihad. Disse que Alá recompensava seus mártires com glórias no Paraíso, que incluíam sexo com 72 virgens. Segundo o pregador, os crimes que ocorreram na Bósnia (massacre de civis, inclusive crianças, estupro de muçulmanas) estavam acontecendo na Chechênia, na Indonésia, na Caxemira e na Palestina. Conclamou os jovens seguidores a ir para os campos de treinamento da al-Qaeda no Afeganistão. Leu discursos de Osama bin Laden contra judeus e cruzados.

Aos poucos, Mohamed Zammar foi conquistando as mentes e os corações de Atta, Binalshibh e Shehhi. No início de agosto de 1998, quando a al-Qaeda explodiu as embaixadas americanas na África, os três amigos celebraram, ao lado de Zammar, a vitória sobre os infiéis.

No mês seguinte, Ramzi Binalshibh foi expulso da universidade por causa de péssimas notas e ausência às aulas. Marwan al Shehhi também era um aluno medíocre, embora fosse pago para estudar pelas Forças Armadas de seu país. Devido ao seu mau desempenho, os orientadores de sua bolsa o devolveram para Bonn. Shehhi se disse satisfeito com a ordem, mas não lhe obedeceu. Ficou em Hamburgo. Enquanto isso, Mohamed Atta empurrava com a barriga seu mestrado. Por outro lado, nenhum dos três se descuidou da parte religiosa.

O apartamento da Marienstrasse passou a ser chamado por eles de "Dar el Ansar", ou "casa dos seguidores". Lá se pregava o ódio ao Ocidente. Seus moradores, estivessem onde estivessem, rezavam cinco vezes por dia, sempre voltados para Meca.

No início do último trimestre de 1999, Mohamed Atta terminou o mestrado. Do Egito, seu pai lhe cobrou o doutorado, que o filho já deveria ter concluído. Afinal, completava 31 anos. Mas o único interesse de Atta era participar da jihad. Numa visita ao pai, no Cairo, os dois se envolveram em discussões intermináveis.

Enquanto Atta se encontrava no Egito, na Alemanha Ramzi Binalshibh e Marwan al Shehhi, agora usando barba, fizeram uma viagem de trem. Conversavam em árabe quando foram abordados por um desconhecido. Este se chamava Khaled al Masri. Tratava-se de um olheiro, um *scout* (caçador de talentos), da al-Qaeda.

Masri iniciou uma conversa e puxou o assunto para a luta separatista da Chechênia. Binalshibh e Shehhi, loucos para pôr em prática sua opção por uma jihad violenta, se interessaram. O olheiro lhes ofereceu o número do telefone de Abu Musab, um recrutador da al-Qaeda que morava em Duisburg, 320 quilômetros a sudoeste de Hamburgo.

Após telefonarem para Duisburg, Binalshibh e Shehhi viajaram ao encontro de Musab. Levaram consigo um libanês, um jovem de 24 anos, simpático e sedutor, com modos e aspecto de um ocidental. Chamava-se Ziad Jarrah e estudava Engenharia Espacial. Também optara pela jihad.

À esquerda: o jovem Ziad Jarrah, que, desde sua infância em Beirute, tinha um sonho: ser piloto.
À direita: a turca Aysel Senguen, namorada de Ziad na Alemanha.

Ziad e Aysel

Ziad Jarrah nasceu em 11 de maio de 1975 em Mazraa, subúrbio de classe média alta de Beirute, capital do Líbano, habitado, em sua maior parte, por muçulmanos sunitas. Sua família era composta de comerciantes e funcionários públicos. Nesse mesmo ano, teve início a Guerra Civil Libanesa, que iria acompanhar Ziad até os 15 anos de idade.

Apesar do conflito, que dividiu o país e devastou Beirute, Samir Jarrah, pai de Ziad, manteve o filho relativamente afastado dos perigos. Muçulmano pouco praticante, e sem grandes convicções religiosas, Samir matriculou Ziad numa escola católica, o Collège de La Sagesse, que admitia muçulmanos (sunitas, xiitas e druzos). O convívio pacífico entre integrantes de diversas seitas e religiões fazia parte do projeto educativo do colégio, onde os alunos, além do árabe, eram alfabetizados em francês, língua da elite cultural libanesa.

Jarrah teve infância e adolescência normais. Cinco anos após o fim da Guerra Civil, ele, já aos 20, era um rapaz popular em Beirute. Freqüentava as melhores praias, as discotecas e os bares da moda. Passeava de moto pela orla do Mediterrâneo. Praticava natação e mergulho. Nos fins de tarde, reunia-se com amigos e amigas, todos em trajes ocidentais, para beber cerveja nos cafés dos bulevares, com mesas nas calçadas, tal como os de Paris. Às vezes, jogavam gamão.

Nas festas, Ziad não saía das pistas de dança. Era popular entre as garotas e não lhe faltavam namoradas. Pacífico, boa-praça, jamais se envolvia em brigas ou discussões. Não dava motivos de aborrecimento para Samir, homem extremamente liberal para os padrões muçulmanos. Tanto era assim que suas filhas, irmãs de Ziad, se vestiam como se estivessem em qualquer cidade do Ocidente: roupas decotadas, blusas sem mangas. Nem as irmãs, nem a mãe de Ziad cobriam a cabeça com véus. E gostavam de pintar os cabelos.

Jovens têm sonhos, e Ziad Jarrah não era diferente. Pretendia ser piloto. Desde pequeno, seu quarto era povoado de fotos e miniaturas de aviões. Mas seus pais não queriam que o único filho homem exercesse uma profissão que julgavam perigosa. E se recusaram a apoiar, e bancar, a idéia, embora aceitassem pagar os estudos de Ziad na Europa, desde que não fosse em uma escola de vôo. Ele então optou por engenharia espacial. Assim, ao menos, manteria o vínculo com a aviação.

O jovem Ziad, que desembarcou no aeroporto de Frankfurt no primeiro trimestre de 1996, acompanhado de seu primo Salim, era um candidato improvável a se tornar um extremista islâmico.

Em abril, Ziad e Salim se matricularam em um colégio de Greifswald, cidade costeira do Báltico, 230 quilômetros a nordeste de Hamburgo. O curso que freqüentaram preparava alunos, ensinando-lhes alemão, para entrar na universidade. Em Greifswald, Ziad continuou o mesmo. Ia a festas, bebia cerveja. Seus lábios finos e sinuosos, as extremidades voltadas para cima, mantinham um sorriso permanente. Os óculos, de armação moderna, lhe davam o aspecto de um intelectual.

Aspecto, fisionomia, hábitos, intenções, tudo isso pouco lhe valeu. O aliciamento religioso de Ziad Jarrah começou lá mesmo, em Greifswald. O primeiro a abordá-lo foi um pregador chamado Abu Mohamed.

Mohamed logo iniciou um processo de catequese. Disse a Ziad Jarrah que ele deveria ser descendente de Obeidah Ibn al Jarrah, um dos primeiros seguidores do Profeta e libertador de Jerusalém.

Não adiantou muito Ziad Jarrah desconversar, dizer a Mohamed que freqüentara uma escola católica, que só era muçulmano no papel etc. etc. O pregador insistiu em que ele deveria fazer as orações diárias e obedecer aos preceitos do Corão. Caso contrário, ficaria só, em meio aos infiéis.

No início, Ziad Jarrah conseguiu escapar ao assédio. Talvez porque não tivesse ficado só. Dividia um apartamento com Salim, que arranjara emprego em uma pizzaria e cujo interesse era integrar-se à sociedade alemã. Além disso, Ziad conheceu, no final de 1996, Aysel Senguen, uma bonita filha de imigrantes turcos, de malares salientes, e hábitos e pensamentos ocidentalizados. Ela se preparava para estudar odontologia.

Ziad e Aysel tornaram-se namorados. Apaixonados. Embora continuasse morando com Salim, Ziad dormia a maior parte das noites no apartamento de Aysel.

Apesar de tudo, as coisas começaram a mudar para Ziad, do mesmo modo que aconteceu, em Hamburgo, com Mohamed Atta. Os fundamentalistas mantiveram um cerco implacável ao jovem libanês.

Depois do 11 de setembro, uma equipe da rede de televisão CNN foi procurar, em Beirute, o Collège de la Sagesse. E, lá, o padre católico Antoine Assaf, diretor do estabelecimento, deu sua versão para a mudança de comportamento do ex-aluno.

— Não foi no Líbano que Jarrah abraçou o fundamentalismo. E sim na Europa que ele sentiu necessidade de pertencer a um grupo fechado, restrito. Em minha opinião, trata-se de um péssimo sinal. Alguém, que nem mesmo é praticante religioso, chega à Alemanha e se deixa seduzir pela jihad. Isso revela que algo muito sério acontece no Ocidente.

Em seu livro *Quem Matou Daniel Pearl?*, a respeito de um jornalista do *Wall Street Journal* decapitado no Paquistão quatro meses após o 11 de setembro, o filósofo francês Bernard-Henri Lévy deu sua versão:

"... Os inimigos do Ocidente são produtos do Ocidente. Esses jihadistas fervorosos são formados em escolas progressistas e eruditas. ... E o terrorismo é um filho bastardo de uma cópula demoníaca entre o Islã e a Europa."

Anthony Giddens, diretor da reverenciada London School of Economics, lamentou, em 27 de janeiro de 2002, que sua escola tivesse transformado três de seus melhores estudantes em dirigentes da al-Qaeda, entre eles o paquistanês Omar Sheikh, que mandou decapitar Daniel Pearl.

Teorias à parte, o certo é que Ziad Jarrah, que morava com o liberal Salim, e namorava a descontraída Aysel, aos poucos foi se tornando religioso e começou a viver de acordo com vários preceitos do Corão. Em conversa com companheiros islâmicos, se mostrava arrependido de sua vida anterior. Numa viagem a Hamburgo, visitou a Mesquita Quds, onde foi apresentado a diversos seguidores.

— Meu desejo é ser um mártir — ele chegou a declarar, num momento de empolgação.

Nada disso impediu que, cada vez mais apaixonado, continuasse a namorar e a dormir com Aysel, embora isso lhe tenha provocado um imenso conflito. Uma profunda inquietação que acabou sobrando para ela.

As cenas de ciúme de Ziad Jarrah tornaram-se freqüentes. Ele se aborrecia quando ela tomava a iniciativa de fazer sexo.

— Quem deve fazer isso é o homem. É o que diz o *Hadith* — Ziad a repreendia.

— Quem é que diz isso?

— O *Hadith*.

— Ah, o livro... sei.

Após o aprendizado de alemão, Ziad Jarrah se transferiu para Hamburgo. Foi estudar engenharia espacial na Universidade de Ciências Aplicadas. A galinha se mudou para perto das raposas. E da Mesquita Quds. No dia da chegada, Ramzi Binalshibh foi recebê-lo na estação ferroviária.

Os catequistas não perderam tempo. Pouco depois, na mesquita, em meio a um grupo de seguidores, Binalshibh cobrou de Jarrah uma posição:

— E aí, você já se decidiu?

— Já. Estou pronto para a jihad.

Binalshibh e Marwan al Shehhi abriram um sorriso de triunfo. Mohamed Atta, que não fazia fé na determinação de Jarrah, olhou para o libanês com desconfiança.

Quase todos os fins de semana, Ziad, que deixara a barba crescer, viajava até Greifswald. Continuou dormindo com Aysel, mas a criticava por não ser mais religiosa. Reclamava de seu modo provocante de se comportar e de se vestir. Não perdia uma oportunidade para falar da jihad. Mas não teve coragem de levar a namorada para conhecer os amigos de Hamburgo.

— Não vai dar certo, Aysel. Não vai. Eles são muçulmanos fervorosos. Vão ficar encabulados na sua presença. A não ser que a gente se case.

Aysel Senguen foi pega de surpresa.

— Isso é uma proposta? — ela se dividiu entre a alegria de ficar com quem amava e o medo de se prender a um fundamentalista.

— Sim. Case comigo.

— E a jihad?

— Eu desisto da jihad — o rosto de Ziad Jarrah não demonstrou a menor convicção.

Os dois agora se consideravam noivos. O que não impedia Ziad de criticar Aysel, o tempo todo, por fumar, por beber vinho e cerveja. E, aos poucos, ele foi se afastando de seu primo Salim, que abrira uma pizzaria em Greifswald. O rompimento definitivo se deu quando Salim perguntou, à queima-roupa, em tom de zombaria, a Ziad:

— Você sabia que os muçulmanos devotos não dormem com suas namoradas, com suas noivas, ou seja lá o que Aysel é de você? Alguns só são apresentados a elas no dia do casamento. Você tem que decidir o que vai ser.

— Logo você saberá — Jarrah abriu uma fisionomia de mistério, antes de sair batendo a porta.

Em Hamburgo, Ziad Jarrah se reunia diariamente com os outros devotos, na Mesquita Quds ou no apartamento da Marienstrasse, 54. Costumavam assistir a fitas de vídeo sobre a jihad.

Em 1999, Ziad se ofereceu, ao pregador Mohamed Haydar Zammar, para lutar contra os russos, na Chechênia. Ramzi Binalshibh, Mohamed Atta e Marwan al Shehhi também estavam loucos para ir. Justamente nessa ocasião, conheceram Abu Musab, o recrutador da al-Qaeda, que convocou os quatro para a luta sagrada em nome do Islã.

Jarrah sabia que a possibilidade de Aysel aceitar a entrada dele na jihad era nula. Por isso decidiu romper o noivado. Numa visita a ela, aproveitou a oportunidade de uma das sucessivas discussões entre os dois para dizer:

— Sabe de uma coisa? Eu não quero mais saber de você.

E foi embora.

Algumas semanas depois, ao partir para o Afeganistão, em busca da jihad, Ziad nem se deu ao trabalho de telefonar para Aysel, informando-a sobre sua viagem. Simplesmente desapareceu de circulação.

A MAIOR HONRA DE UM MUÇULMANO

Marwan al Shehhi, Mohamed Atta e Ziad Jarrah voaram para Karachi, ponto de partida da viagem por terra para os campos de treinamento do Afeganistão. Estavam certos de que a al-Qaeda iria prepará-los para lutar contra os russos, na luta de independência da Chechênia. Era esse o destino da maioria dos jihadistas no final de 1999.

Seguindo instruções recebidas, na Alemanha, do recrutador Abu Musab, Atta, Shehhi e Jarrah viajaram de ônibus de Karachi para a cidade paquistanesa de Quetta, 600 quilômetros ao norte, quase na fronteira afegã, onde eram esperados. Pernoitaram num abrigo da al-Qaeda, onde conheceram o saudita Nawaf al Hazmi, que fazia o percurso inverso. Voltava do complexo de campos de treinamento de Mattar, próximo a Kandahar, Afeganistão. Hazmi, selecionado pessoalmente por Osama bin Laden para a Operação Aviões, nada revelou aos três novatos sobre sua missão.

Quetta era um burburinho de raças, etnias, tribos, línguas e nacionalidades: árabes, bengalis, sudaneses, somalis, egípcios, sírios, líbios, berberes, uzbeques, cazaques e chechenos. Os homens em trânsito dormiam em abrigos e barracas.

Ramzi Binalshibh chegou à cidade na segunda quinzena de dezembro, procedente da Alemanha, via Karachi. Seus companheiros já haviam partido para o Afeganistão. Um grupo de guerrilheiros escoltou Binalshibh nos 200 quilômetros finais da viagem.

Ao chegar ao campo de Mattar, Binalshibh encontrou Atta e Jarrah. Ficou sabendo que os dois, assim como Marwan al Shehhi, tinham jurado lealdade a Osama bin Laden. A al-Qaeda tinha pressa. Depois de um curto período de treinamento, Shehhi deixara o Afeganistão, rumo a Karachi, onde foi ao encontro de Khaled Sheik Mohamed (KSM).

Binalshibh, que queria aderir logo à *Base*, não se decepcionou. Dias depois da chegada, foi recebido pelo próprio Bin Laden, que ficou satisfeito ao saber que o novo jihadista era fluente em inglês, além de estar habituado a viver no Ocidente. Sem maiores questionamentos, convocou Binalshibh para a Operação Aviões, não omitindo que se tratava de uma missão de martírio.

— A maior honra de um muçulmano é morrer lutando — Binalshibh não hesitou em responder.

Osama bin Laden gostou tanto do fervor de Binalshibh que não deu importância ao fato de ele ser iemenita, o que poderia inviabilizar sua entrada nos Estados Unidos. Binalshibh, por sinal, já tivera, em 1995, um pedido de visto americano recusado.

Shehhi, Atta e Jarrah também já sabiam que sua missão secreta terminaria em martírio. Isso lhes foi revelado por Mohamed Atef, chefe de operações militares da al-Qaeda. Se um deles teve medo, ou se ficou chocado com a revelação, guardou os sentimentos para si. Ainda não conheciam detalhes da missão. Apenas o nome, Operação Aviões, e o fato de que morreriam ao final.

A rotina no complexo de Mattar era extenuante. Além de exercícios físicos, os jihadistas tomavam lições de técnicas de combate, emboscadas, uso de granadas, minas terrestres e explosivos em geral. Aprendiam a viver clandestinamente, seguir pessoas sem ser detectados, mover-se na escuridão. Treinavam, com carneiros e camelos sendo usados como cobaias (e depois como refeição), cortar uma jugular com um só golpe de faca.

Além do preparo físico e militar, a al-Qaeda não descuidava da parte religiosa. Fora as cinco sessões diárias de preces, exigidas de todo e qualquer muçulmano, os novos jihadistas ouviam leituras de trechos do Corão, além de sermões de um ulemá (professor de lei islâmica).

Os recrutas eram constantemente estimulados com palavras de ordem: "sejam rápidos ao matar"; "vocês são guerreiros de Alá"; "se acharem o inimigo muito forte, lembrem-se de que o Profeta enfrentou 10 mil"; "a vitória final será nossa"; "nos encontraremos no Paraíso"...

Ziad Jarrah foi um dos que se destacaram nos treinamentos. Mas Osama bin Laden decidiu que a liderança do grupo de ataque caberia ao egípcio Mohamed Atta.

Faltava um ano e nove meses para o 11 de setembro.

Bin Laden reuniu-se diversas vezes com o líder Atta, que se tornou o primeiro homem da linha de frente da Operação Aviões a saber que a missão consistia em lançar aviões comerciais contra prédios-símbolo nos Estados Unidos. O *Samaritano* mostrou a Atta uma relação de alvos: WTC, Pentágono, Casa Branca e Capitólio. Bin Laden disse também que o segundo em comando do grupo de mártires seria Nawaf al Hazmi, que Atta conhecera em Quetta semanas antes. Hazmi, que já deixara o país, logo tomou conhecimento de seu posto.

No campo de treinamento, atenções especiais passaram a ser dadas a Atta, Binalshibh e Jarrah. Os instrutores concentraram-se nos escolhidos.

Muitos exercícios eram noturnos. O ar puro, límpido e gelado do deserto estimulava os homens. Vistos de longe, correndo em passadas ritmadas, rastejando sob arame farpado, superando obstáculos de concreto, empunhando seus Kalashnikovs, enquanto gritavam slogans militares e religiosos, não eram muito diferentes dos marines (fuzileiros navais) americanos treinando e cantando em Camp Pendleton, na Califórnia. Ou, recuando no tempo, das tropas de elite da SS nazista, durante a Segunda Guerra Mundial.

O princípio era o mesmo: estímulo, envolvimento emocional, perda da individualidade, obediência cega, camaradagem, lealdade.

Numa daquelas noites, Ziad Jarrah foi convocado a prestar seu juramento de sangue.

— Juro que aceito o martírio. Quero morrer por Alá — ele proclamou, solene.

Impossível saber se foram os cânticos, se foram as preces, se foram os sermões, se foram as influências da célula de Hamburgo. Ou se foi apenas o encanto mágico da noite estrelada do deserto afegão, onde o céu sempre parece estar mais perto da Terra. O certo é que, naquele instante, o caminho do descontraído estudante de Beirute e Greifswald tornou-se uma viagem sem retorno. Em meio aos beijos e abraços dos companheiros, Ziad Jarrah, ex-noivo de Aysel Senguen, talvez não tenha percebido que acabara de ser atropelado pelo destino.

Após várias semanas de treinamento militar, os escolhidos viajaram para Karachi. Lá, iniciaram um curso, de 15 dias, ministrado pelo próprio Khaled Sheik Mohamed (KSM), numa casa alugada pela al-Qaeda, pela qual Nawaf al Hazmi e seu compatriota Khalid al Mihdhar haviam passado. Embora só Atta conhecesse os detalhes da missão, os outros, a essa altura, já sabiam que ela ocorreria nos Estados Unidos e envolveria seqüestros de aviões comerciais.

KSM usou sua experiência de três anos na Carolina do Norte para instruir os homens da Operação Aviões sobre como proceder nos Estados Unidos, como comer, onde morar, como conviver com os *kaffirs* (infiéis) sem levantar suspeitas. Como fazer reservas em hotéis, alugar carros e apartamentos, comprar passagens aéreas pela Internet. Como criar códigos, e usá-los, em conversas telefônicas.

Em suas palestras, KSM mostrou o comportamento dos tripulantes durante os vôos. Explicou que os pilotos saíam da cabine de comando para ir ao banheiro, e que os comissários de bordo iam lá na frente servir-lhes as refeições. "Nessas ocasiões", ele dizia, "a porta da cabine fica destrancada". KSM exibiu fitas de vídeo, com ficções de Hollywood sobre seqüestros aéreos. As cenas com personagens femininos foram cortadas. Durante as sessões, KSM parava e voltava as fitas, comentando as falhas de segurança a bordo dos aviões.

Só ao final do curso ele explicou a Binalshibh e Jarrah que eles teriam de aprender a pilotar, em escolas de aviação. Ziad Jarrah descobriu então que seu sonho de ser aviador seria realizado, embora não exatamente como o garotinho de subúrbio de Beirute planejara.

Enquanto, em Karachi, KSM terminava de dar seu curso, a dupla precursora da Operação Aviões, Nawaf al Hazmi e Khalid al Mihdhar, encontrava-se em Kuala Lumpur, na Malásia, preparando-se para viajar para os Estados Unidos.

Na chegada ao aeroporto de Kuala Lumpur, Mihdhar teve seu passaporte xerocado pela polícia malaia, em cujos computadores o nome do saudita constava de uma lista de suspeitos de atividades terroristas. A cópia foi enviada, por fax, para o quartel-general da CIA, em Langley, na Virgínia. Lá, o fax recebeu o carimbo "nenhuma ação requerida" e foi sepultado em um arquivo.

Na manhã de sábado dia 15 de janeiro de 2000, Nawaf al Hazmi e Khalid al Mihdhar desembarcaram no Aeroporto Internacional de Los Angeles. Embora seus passaportes contivessem diversas adulterações, neles os vistos americanos de entrada eram autênticos. Foram concedidos, em Jedá, em abril de 1999.

A missão de Hazmi e Mihdhar não podia ser mais objetiva: aprender inglês, entrar para escolas de aviação e tornar-se piloto no menor tempo possível.

Faltava um ano, sete meses e 26 dias para o 11 de setembro. A ponta de lança da Operação Aviões acabava de ser espetada no território dos Estados Unidos, como o primeiro marco de posse da al-Qaeda.

Trajetória do vôo AAL77

1. *Aeroporto Dulles – Washington DC, decolagem às 8h20*
2. *Seqüestro do avião, entre 8h51 e 8h54*
3. *Rota normal de vôo para Los Angeles*
4. *Hani Hanjour tenta se entender com os comandos*
5. *Hanjour programa o piloto automático para seguir para Washington*
6. *A localização da aeronave pelos centros de controle é impedida, com o* transponder *desligado*
7. *Choque contra a fachada oeste do Pentágono, às 9h37min46s*

11 DE SETEMBRO – 9H35

Entre os quatro pilotos seqüestradores que partiram esta manhã, em suas missões de martírio, de Boston, Washington e Newark, o saudita Hani Hanjour, de 29 anos, do AAL77, é o único que já era piloto antes de ser recrutado para a Operação Aviões. Por isso lhe cabe o alvo mais crítico. O complexo do Pentágono, com seus cinco anéis concêntricos, embora seja um dos maiores conjuntos de escritórios do mundo, com 365 mil metros quadrados de área construída e 23 mil funcionários, é difícil de ser atingido pelo lado. Trata-se de um prédio horizontal, espraiado e baixo. Tem apenas cinco andares.

Hanjour pretende chocar-se contra a fachada oeste. Resolveu fazer uma aproximação de 360°, uma longa curva, no sentido horário, sobre o anel periférico da cidade de Washington, metade dela já completada. Depois de cruzar o rio Potomac, na direção oeste-leste, no momento o AAL77 encontra-se no ponto mais a leste da curva, bem na vertical do Anacostia, afluente do rio. São 9h35. Seis minutos antes, já voando em baixa altitude (2.100 metros), o saudita desligou o piloto automático, que manteve ativado durante toda a navegação.

Dois meses antes da missão, Hanjour filmou, junto com um companheiro da al-Qaeda, Zacarias Moussaoui, os pontos mais destacáveis de Washington, inclusive a Casa Branca, o Capitólio, os monumentos importantes e, principalmente, seu alvo, o Pentágono. E fez diversos vôos de observação, em pequenos monomotores, ao redor da capital. Por isso, agora, conduz a longa curva descendente de aproximação sem hesitar um instante sequer, dominando cada detalhe do terreno abaixo. O dia claro e ensolarado facilita sua tarefa. Mas ele sabe que acertar a fachada do Pentágono na mosca vai ser difícil.

Na torre de aproximação do Aeroporto Internacional Dulles, 37 quilômetros a oeste do centro de Washington, a controladora de vôo Danielle O'Brien se mexe inquieta em sua cadeira. Procurando conter a aflição, ela acompanha, ao mesmo tempo, as imagens de um aparelho de TV, que mostram os dois incêndios no WTC, e sua tela de radar. Esta lhe permite monitorar os diversos vôos que chegam e saem do Dulles.

São 9h35min30s. O AAL77 está no través sul do Capitólio quando Danielle o detecta em sua tela. Mas, como o avião tem o *transponder* desligado, ela vê apenas *blips* esparsos de sinais primários de radar se movendo, em curva, sobre a capital, em alta velocidade. Danielle vira-se para Tom Howell, seu colega ao lado, e pergunta:

— Você está vendo esse avião?

— Oh, meu Deus — ele geme. — Está rápido demais. Parece... parece ir para a P-56 (área de exclusão aérea que engloba a Casa Branca e o Capitólio).

O mesmo acontece na torre de controle do Aeroporto Nacional Reagan, situado na margem oeste do Potomac, a menos de 2 quilômetros do Pentágono. No Reagan, a preocupação com o *blip* que se move sorrateiramente é tão grande que um supervisor acaba de comunicar, aos agentes do Serviço Secreto na Casa Branca, que uma aeronave não identificada está perigosamente próxima deles.

Quinhentos quilômetros a noroeste da capital do país, no Centro Cleveland, um controlador de vôo acompanha, não menos angustiado do que seus colegas de Washington, em sua tela e em sua escuta, a trajetória e os sons do vôo UAL93, Newark/São Francisco. Sete minutos antes, ele ouviu os pilotos gritando:

— Saiam daqui! Saiam daqui!

Pouco depois, os gritos se transformam em sons inequívocos de luta. Cleveland pergunta às outras aeronaves voando na área se elas também estão ouvindo. Vários pilotos respondem que sim. Isso indica forte probabilidade de um quarto seqüestro nesta manhã.

A probabilidade torna-se certeza quando, segundos antes das 9h32, do vôo 93 ouve-se a seguinte transmissão:

— Senhoras e senhores. Aqui é o comandante. Por favor, sentem-se e permaneçam sentados. Nós temos uma bomba. Então sentem-se.

Com certa dose de ingenuidade, Cleveland pede ao vôo UAL93 para repetir a mensagem. Como não podia deixar de ser, recebe o silêncio como resposta. Mais do que depressa, o controlador diz ao seu chefe que o vôo 93 pode ter uma bomba a bordo. O outro não perde tempo em repassar a informação para o centro de comando da FAA (Administração Federal de Aviação), em Herndon, na Virgínia. De lá, a notícia continua subindo os degraus da hierarquia.

Herndon telefona para o quartel-general da FAA, no número 800 da Independence Avenue, em Washington, onde o diretor em exercício é avisado da bomba e do seqüestro. E manda que alguém notifique a sede da United Airlines, em Chicago. Tal como Cleveland, o despachante de vôo Ed Ballinger, da United, responsável pelo vôo 93, tenta, sem sucesso, comunicar-se com o avião.

Em San Ramon, no outro lado do país, enquanto prepara o café-da-manhã das filhas, Deena Burnett mantém os olhos pregados na tela da CNN, que mostra os incêndios nas Torres Gêmeas. O telefone toca. Deena sente enorme alívio ao ouvir a voz do marido Tom.

— Deena, sou eu.

— Tudo bem? — ela pergunta.

A resposta é uma ducha de água fria.

— Não, Deena, não está — Tom responde, falando de seu celular. — Peguei um vôo mais cedo, o 93, da United. Tou... Bem... eu tava indo pra aí. Nós... nós fomos seqüestrados. Eles esfaquearam um passageiro e tomaram conta do avião. Agora estão dizendo que têm uma bomba. Eu quero que você ligue para as autoridades.

Enquanto ouve o marido, Deena, aterrorizada, sempre vendo as imagens da CNN, fica com medo de que Tom e o World Trade Center sejam partes da mesma história.

— Eu vou ter que desligar — ele interrompe os pensamentos da mulher.

Deena, que escuta o som das turbinas do UAL93 ao fundo da conversa, pensa em avisar o marido a respeito dos incêndios em Nova York, mas simplesmente não tem coragem. Nem tempo. O telefone emudece.

Minutos depois, Tom volta a chamá-la. Sua voz não é a de uma pessoa apavorada. Mas ele fala mais rápido do que o normal.

— Os seqüestradores — Tom Burnett informa — estão na cabine de comando. O passageiro que foi esfaqueado acaba de morrer.

Deena decide contar ao marido sobre as torres.

— Tom, outros vôos foram seqüestrados. Não foi só o seu. Está passando o tempo todo na TV. Eles... eles... — ela hesita — ...eles jogaram dois aviões contra o World Trade Center, em Nova York.

— O quê? Aviões? Dois aviões? — Tom se assusta.

— É.

— Você está brincando — ele dá uma risadinha nervosa.

— Não, Tom. É verdade.

— São aviões comerciais?

— Acho que sim.

Tom Burnett leva alguns segundos para digerir a informação.

— Eu tenho que ir — ele diz, e volta a desligar.

No *cockpit* do UAL93, Ziad Jarrah, após se desentender algum tempo com os comandos, finalmente consegue controlar o avião. Acaba de fazer uma curva, tangenciando a margem sul do lago Eire. Dá início à sua navegação para Washington. Jarrah tem dificuldade em manter o vôo 93 nivelado. O Boeing sobe para 12.500 metros.

O AAL77 cruza o través sul da Casa Branca, passando a apenas sete quilômetros de distância. A não ser que o jato faça uma nova volta sobre a cidade de Washington, tudo indica que o Capitólio e a residência presidencial estejam salvos. Isso não impede que agentes do Serviço Secreto, alertados pelas torres dos aeroportos Reagan National e Dulles International a respeito da aeronave misteriosa, cheguem à sala do vice-presidente, Dick Cheney — que assiste à CNN, onde viu o UAL175 se chocar contra a Torre Sul do World Trade Center —, e praticamente o arranquem de sua cadeira. Cheney é levado às pressas para o abrigo subterrâneo.

Na Torre Sul, Stanley Praimnath, o executivo do Banco Fuji que desceu do 81º até o térreo, após a Torre Norte ser atingida, mas foi convencido por um segurança a voltar para seu escritório — no coração da zona de impacto —, sobrevive milagrosamente. Com diversas queimaduras, o corpo inchado, coberto de pó de cimento, ilhado por uma montanha de escombros, mas ainda vivo. Uma lasca do bordo de ataque da asa do Boeing está cravada na porta de sua sala. Praimnath olha para a lâmina de alumínio com espanto e incredulidade.

Sem conseguir sair dali por conta própria (a porta está bloqueada), Stanley Praimnath fica gritando por socorro, embora mal consiga respirar em meio à fumaça. Seus apelos são ouvidos por Brian Clark, da Euro Brokers, o bombeiro voluntário que não desceu após o impacto na outra torre justamente para ajudar na evacuação do prédio.

Contando as oito escadarias das duas Torres Gêmeas, apenas uma, a escada A da Torre Sul, na quina noroeste do prédio, continua dando passagem através dos incêndios. Brian Clark desce justamente por ela quando encontra Praimnath, preso. Consegue libertá-lo, puxando-o pelas axilas, por cima dos escombros. Partem escada abaixo.

Ron di Francesco, colega de Clark no 84º andar, aquele que não quis abandonar seu posto de trabalho para não perder a abertura dos mercados, opta por subir para o terraço. Na explosão da bomba na garagem, em 1993, muita gente havia sido resgatada de lá, por helicópteros. Ron di Francesco vai até o 91º andar, onde fica sabendo que as portas de acesso ao topo do prédio encontram-se trancadas. Sem outra alternativa, ele começa a descer. Está oito andares acima da zona de impacto.

Falta uma semana para Tom Kelly, bombeiro de Nova York nascido e criado no Brooklyn, completar 51 anos. Embora sirva na corporação desde 1983, sempre no quartel de South Street, Kelly não conseguiu subir nenhum degrau na escala de promoções. Talvez porque não goste muito de fazer exercícios físicos. Ou talvez porque adore uma cerveja. O certo é que ele precisa reforçar o salário magro com um segundo emprego, como operário de construção civil, onde é soldador.

Kelly está na Torre Sul desde as 9h10. Não sendo dos mais capazes de subir dezenas de lances de escada com enorme peso nas costas, consegue fazer funcionar um dos elevadores. Passa a operá-lo entre o saguão do térreo e o 40º andar, descendo com sobreviventes, muitos deles feridos, e subindo com colegas bombeiros.

9h36min15s. Nos centros e nas torres de controle, os operadores vêem o sinal primário de radar fazendo a longa curva na tela. Segue agora em direção ao Potomac. Na sede da FAA, teme-se que outro vôo, o 93 da United, quarto a ser seqüestrado, também esteja indo para a capital do país.

No UAL93, Tom Burnett revela aos demais passageiros e às aeromoças o que ouviu de sua mulher, Deena, sobre o World Trade Center. Isso dispara outros telefonemas. A comissária Sandy Bradshaw, de 38 anos, liga de seu celular para o marido, Phil Bradshaw, veterano piloto da US Airways, que se encontra na casa deles, na cidade de Greensboro, Carolina do Norte. Ela diz que os seqüestradores devem ser muçulmanos e estão armados de pequenas facas. Jeremy Glick, 31, usa o celular para dizer à mulher, Lyz, que os terroristas têm uma caixa vermelha, que alegam ser uma bomba, são muito violentos, parecem ser iranianos e estão com bandanas vermelhas na testa. Ameaçam explodir o avião.

Em Sarasota, na Flórida, o presidente George W. Bush participa de uma sessão de leitura com os alunos da escola primária Emma E. Booker. Há meia hora, ele tem conhecimento de que dois aviões se chocaram contra o World Trade Center.

Só agora, após ter cumprido parcialmente o compromisso com as crianças, as limusines da comitiva deixam a escola. Bush segue para o aeroporto local. Lá, o avião presidencial (Força Aérea nº 1) o aguarda, pronto para decolar. Ainda não se sabe para onde.

9h36min30s. O AAL77 cruza o Potomac pela segunda vez, agora no sentido leste-oeste. Hani Hanjour inclina o corpo para a frente e torce o pescoço para poder ver, à direita, um pouco atrás, o Pentágono. Não quer perdê-lo de vista. Precisa fazer a aproximação correta para não errar o alvo.

Há quase uma hora, Mike Jacobs está preso com a moça no elevador parado no nível do saguão do térreo da Torre Norte do World Trade Center. Não perceberam quando o AAL11 se chocou contra seu prédio, muito menos quando o UAL175 bateu na torre ao lado. Para Jacobs, o problema continua se resumindo ao seu elevador. Mas desiste de pedir socorro pelo interfone e de apertar o botão de emergência, já que ninguém o atende.

De repente, sem que os dois façam nada, a porta do elevador se abre. Mais do que depressa, eles saem da cabine. Jacobs dá de cara com um bombeiro. Abre a boca para protestar, por ter sido ignorado, mas não emite um som. Porque se vê em meio a um cenário caótico. Bombeiros, policiais e paramédicos espalham-se pelo lobby. Pessoas cobertas de poeira, os rostos enegrecidos pela fumaça, desembocam das escadas. Há fumaça e fuligem por todos os lados.

O bombeiro lhes indica uma passarela, pela qual podem passar para o edifício do World Financial Center. Mike Jacobs e a moça começam a atravessá-la. Vêem então uma mancha avermelhada no vidro. Jacobs só percebe que são vísceras e sangue humano quando sua companheira desmaia ao seu lado.

9h37. O AAL77 está no ponto mais ocidental de sua longa curva. Hani Hanjour prepara-se para se alinhar com a fachada oeste do Pentágono. Tem à sua frente, à esquerda, o Cemitério Nacional de Arlington.

No andar térreo da Torre Norte do WTC, onde o chefe do 1º Batalhão de Bombeiros, Joseph Pfeifer, comanda os trabalhos de resgate, o cinegrafista francês Jules Naudet continua filmando, em meio à fumaça e à poeira, a movimentação dos bombeiros e das pessoas que surgem no saguão, vindas das escadas. Os gritos e lamentos de medo e pânico não param. Mas crescem de intensidade cada vez que se ouve, no pátio ao lado, o ruído seco, surdo e forte de mais um corpo que explode contra o chão, vindo do topo.

Vinte e sete andares acima de Naudet, dois amigos, Abe Zelmanowitz e Ed Beyea, funcionários da empresa seguradora de saúde Empire Blue

Cross and Blue Shield, encontram-se no patamar das escadas, acompanhando o fluxo contínuo de pessoas que descem. Estão ali há 38 minutos.

O escritório da Blue Cross fica 66 andares abaixo da base da zona de impacto. Zelmanowitz poderia descer, mas não o faz por causa do amigo e colega de trabalho Beyea, tetraplégico. Serão precisos muitos braços fortes para levá-lo escada abaixo, mesmo sendo só 27 lances de escada. Além da paralisia, Beyea tem problemas ósseos. Já sofrera fraturas ao ser manipulado.

Finalmente, surge um bombeiro, que sobe as escadas. Ele pergunta a Zelmanowitz:

— Por que você não desce? Logo chegará uma equipe de resgate para levar seu amigo.

— Só vou quando ele também puder ir — Abe Zelmanowitz não hesita.

Há um outro problema sério: se Ed Beyea começar a descer, haverá um gargalo nas escadas.

No Departamento de Defesa, Shelley e Donn Marshall chegaram a seus respectivos escritórios, ela no Pentágono, ele em Crystal City. Os filhos pequenos do casal, Drake e Chandler, estão na creche do complexo. Shelley e Donn não fazem a menor idéia de que uma ameaça mortal encontra-se a pouco mais de um quilômetro de distância, projetando-se em direção a eles.

Em sua cela de prisão no Colorado, o paquistanês Ramzi Yousef, exultante, mal se dá ao luxo de piscar. Na pequena tela de televisão preto-e-branco, ele não quer perder um detalhe do incêndio nas torres. Nas suas torres.

— *Allahu Akbar!, Allahu Akbar!, Allahu Akbar!* — Yousef deve ter comemorado.

— Acho que o topo da Torre Norte vai explodir — surge uma testemunha na tela.

9h37min30s. O AAL77 está sobre o cemitério. Entre o avião e o Pentágono há apenas o bulevar Washington. Hani Hanjour concentra-se no ângulo de descida. Sabe que, se entrar baixo, vai bater no gramado antes do prédio. Se entrar alto, poderá errar a fachada, resvalar no teto, como uma pedra lisa quicando na água, e se fragmentar, em milhões de pedaços que se espalharão pelos arredores da estrada 110, pelo elevado da 395 e pelo Potomac.

O mergulho final para o choque terá de ser feito com precisão cirúrgica. Hanjour avança os manetes de aceleração. A mão esquerda permanece firme no manche. Ele dá uma olhada no maquímetro, indicador de velocidade em relação à do som: 0,71 (aproximadamente 850 km/h). O AAL77 passa raspando pelas placas verdes de sinalização do bulevar Washington, derruba três semáforos e segue como um bólido para o alvo.

Nos últimos segundos, Hani Hanjour percebe que fechou muito a curva e vai errar o prédio. Então corrige a trajetória, com um golpe brusco no manche, para a esquerda. A asa e o motor desse lado se chocam contra o gramado. Mas o nariz, a fuselagem e a asa direita mergulham na fachada, atingindo-a exatamente no andar térreo, onde fica o escritório de Shelley Marshall.

Terceiro atentado. Terceira vitória da al-Qaeda.

Falta apenas o complemento da missão de Ziad Jarrah, a bordo do vôo 93.

Encontro em Finsbury Park

No dia 30 de janeiro de 2000, Ziad Jarrah voou de Karachi para a Alemanha. Após ficar alguns dias em Hamburgo, Jarrah foi à procura de Aysel Senguen, que não sabia da viagem dele ao Afeganistão. Os dois não se falavam havia três meses. Aysel não tinha a menor idéia do paradeiro do noivo, ou melhor, do ex-noivo.

Jarrah chegou ao apartamento da moça e tocou a campainha. Ao abrir a porta, Aysel viu, em vez do Ziad barbudo e enraivecido da última vez, um novo homem. De barba raspada, ele trazia às mãos um buquê de flores e um embrulho de presente.

Ela não se deixou seduzir pelas aparências.

— Vai embora, some daqui — bateu-lhe a porta na cara.

Ziad tentou uma segunda vez, uma terceira, uma quarta. Pediu, implorou. Disse que só desejava conversar. Os vizinhos de prédio já se sentiam incomodados com a campainha quando ela resolveu abrir.

— Eu quero pedir desculpas, explicar o que aconteceu — mais do que depressa, ele entrou no apartamento.

— Onde é que você estava durante todo esse tempo? — Aysel não escondeu sua revolta. Seu tio — ela elevou o volume da voz — ligou pra cá. Seu primo também. Seus pais telefonaram do Líbano. Eles estão desesperados. Você é um irresponsável.

Jarrah não se alterou:

— Eu vou falar com cada um deles, hoje ou amanhã. Quis ver você primeiro. Não fiz nada de errado, Aysel. Juro.

— Onde é que você estava?

— Isso eu não posso contar. Nem pra você, nem pra eles. Seria uma traição a outras pessoas. Só posso dizer que precisei cumprir um compromisso de honra. Agora, acabou tudo.

Ela ia protestar, mas ele a impediu, com um gesto de mão.

— Vê se entende, Aysel — Jarrah prosseguiu. — Acabou tudo. Eu amo você. O que aconteceu, aconteceu. Não vamos falar no passado. Daqui por diante, faço o que você me pedir. Nós vamos nos casar, ter filhos. Prometo que a gente vai ser feliz. Eu vou ser piloto.

— Piloto? Que novidade é essa? — Aysel lançou-lhe um olhar de desconfiança.

— É, piloto. Você sabe que eu sempre gostei de aviões. Vou tirar o brevê.

Aysel olhou demoradamente para Ziad, tentando decifrar os olhos dele.

Quinze minutos mais tarde, rolavam ferozmente na cama.

Mohamed Atta e Ramzi Binalshibh chegaram à Alemanha algumas semanas depois de Ziad Jarrah. Em março, Marwan al Shehhi, também de barba raspada, se uniu ao grupo. Levava uma vantagem sobre os companheiros: em seu passaporte constava um visto de entrada nos Estados Unidos, obtido nos Emirados.

Cumprindo determinações de KSM, Atta, Binalshibh, Al Shehhi e Jarrah passaram a se vestir, se arrumar e se comportar como ocidentais. Afastaram-se do convívio de extremistas, inclusive de Mohamed Haydar Zammar, mesmo sendo ele o pregador que primeiro lhes inspirara a jihad. Também pararam de freqüentar a mesquita Quds. Passavam horas e horas em cibercafés, freqüentando sites de escolas de aviação.

Logo Aysel Senguen se convenceu de que o noivo era novamente o alegre jovem libanês pelo qual fora conquistada quatro anos antes. Ziad falava, cada vez mais entusiasmado, sobre sua pretensão de se tornar um piloto de linhas aéreas.

O grupo de frente da Operação Aviões tentou algumas escolas de vôo européias, mas descobriu que eram caras e de difícil acesso. KSM já previra isso. Na Holanda, o diretor de uma delas recomendou a Ramzi Binalshibh que fosse para os Estados Unidos:

— O tempo de treinamento é menor — ele explicou. — É tudo mais fácil. Na América, em poucos meses qualquer um tira um brevê de piloto.

Ziad Jarrah também achava melhor ir logo para os Estados Unidos. O difícil era explicar isso a Aysel.

— Serão só alguns meses — ele, enfim, tomou coragem. — Entrei em contato com uma escola de pilotagem na Flórida. Logo estarei de volta. E você poderá me visitar lá.

— E quem é que está pagando por tudo isso?

— Sabe de uma coisa, Aysel? Você faz perguntas demais. Seu problema é não confiar em mim. Nos Estados Unidos, os cursos de vôo são muito mais baratos. Essa é uma das razões pelas quais estou indo. Além disso, você sabe tão bem quanto eu, preciso me livrar de algumas pessoas. Aqueles caras de Hamburgo não largam do meu pé.

Até então, só Marwan al Shehhi possuía visto americano. O segundo a tentar foi Ramzi Binalshibh. Mohamed Atta (que aprendeu a falsificar e adulterar documentos, com a equipe de KSM, em Karachi) excluiu, do passaporte de Binalshibh, os registros de passagem pelo Paquistão. Apesar disso, o iemenita teve sua pretensão barrada no consulado dos Estados Unidos em Hamburgo.

Mohamed Atta e Ziad Jarrah conseguiram seus vistos sem problemas. Em vez de adulteração, Atta e Jarrah usaram o recurso de alegar perda de seus passaportes para obter documentos novos, sem os registros indesejáveis: Paquistão e Afeganistão.

Percebendo que dificilmente Binalshibh conseguiria uma permissão americana de entrada, KSM procurou um substituto. Eis que foi agradavelmente surpreendido, nos campos da al-Qaeda, por um jihadista saudita: Hani Hanjour. Este, além de já ter morado nos Estados Unidos, e de ser fluente em inglês, era piloto formado.

Em 1990, com apenas 17 anos, Hani Hanjour foi para o Afeganistão lutar contra os soviéticos. Mal chegou ao país, o Exército Vermelho bateu em retirada. Então o jovem seguidor foi servir numa ONG islâmica de ajuda humanitária.

Um ano depois, Hanjour mudou-se para os Estados Unidos. Foi estudar inglês na Universidade do Arizona. Mais tarde, na segunda metade da década de 1990, voltou à América, agora para aprender a voar. Freqüentou escolas de vôo na Flórida, Califórnia e Arizona. Em três meses, obteve um brevê de piloto privado.

Durante suas duas temporadas americanas, Hanjour não se integrou à sociedade local. Passava a maior parte de suas horas de folga nas mesquitas, onde conheceu diversos extremistas. Como ex-mujahedin, era ouvido e respeitado.

Em abril de 1999, após quase dois anos de treinamento na Arizona Aviation, em Mesa, nas proximidades de Phoenix, Hani Hanjour recebeu sua licença de piloto comercial. Regressou à Arábia Saudita mas, para sua grande frustração, não conseguiu emprego como aviador. Acabou trabalhando na fazenda de cultivo de limões e tâmaras de sua família.

Hani Hanjour não nascera para lidar com adubos, plantio, colheita, irrigação. Na primavera de 2000, ele voltou ao Afeganistão, agora para treinar no campo de al Faruq, da al-Qaeda. Foi então descoberto por Mohamed Atef, que logo deu conta do precioso achado a Osama bin Laden e KSM.

Tal como aconteceu com Atta, Binalshibh, Al Shehhi e Jarrah, Hanjour, envolvido pelo clima de fanatismo e fervor religioso do campo, jurou *bayat* (fidelidade) a Osama bin Laden e se ofereceu como mártir. Logo seguiu para Karachi, onde recebeu instruções de Khaled Sheik Mohamed, aprendendo, entre outras coisas, um sistema de linguagem em código. Mas KSM não precisou instruir Hanjour sobre a vida na América. Ambos tinham o mesmo tempo de experiência.

Enquanto isso, Ramzi Binalshibh voltou a ter um pedido de visto recusado. Seu ódio aos Estados Unidos aumentou. E não se conformou em exercê-lo à distância. Pensou em casar-se com uma cidadã americana, para poder entrar no país. Através de um site promotor de casamentos, correspondeu-se com uma mulher na Califórnia. Mohamed Atta descobriu e vetou a idéia, que poderia pôr em risco a Operação Aviões. Binalshibh fez uma última tentativa. Viajou para sua terra natal, o Iêmen. Foi ao consulado. Nova recusa.

De volta à Alemanha, Binalshibh não teve outra alternativa senão a de atuar no papel de intermediário entre a linha de frente do ataque, comandada por Mohamed Atta, e a liderança da al-Qaeda, nos campos do Afeganistão e em Karachi.

No outono de 2000, um muçulmano francês de origem marroquina chamado Zacarias Moussaoui, também candidato à jihad, foi enviado por Khaled Sheik Mohamed à Malásia para aprender a pilotar. Mas não se adaptou às escolas de vôo locais. KSM então lhe determinou que fosse ter lições nos Estados Unidos. Sendo Moussaoui cidadão francês, não houve problemas de obtenção de visto americano.

A viagem de Moussaoui de Kuala Lumpur para a América se fez em duas etapas. Ele passou algumas semanas em Londres. Ramzi Binalshibh saiu de Hamburgo especialmente para conhecê-lo e passar instruções. O encontro dos dois aconteceu na mesquita de Finsbury Park, ao norte da cidade. Binalshibh informou a Moussaoui que o matriculara na Escola de Vôo Airman, em Oklahoma.

Alguns dias depois, Zacarias Moussaoui viajou para os Estados Unidos.

O torniquete da al-Qaeda foi apertando. Cada kamikaze chegava de um lugar diferente. Na terça-feira, 30 de maio de 2000, Marwan al

Shehhi desembarcou em Newark, procedente de Bruxelas. Foi para um hotel de Nova York, onde aguardou Mohamed Atta. Este, dentro da mesma estratégia de despistar, viajou de ônibus de Hamburgo para Praga, na República Tcheca. De lá, voou para os Estados Unidos, onde aterrissou, também em Newark, no sábado, 3 de junho. No guichê da Imigração, Atta exibiu seu visto de turista, com múltiplas entradas. Recebeu autorização de permanência de seis meses no país.

Ziad Jarrah, que avisou, por telefone, aos seus pais, no Líbano, que iria aprender a voar nos Estados Unidos, chegou só no final do mês. Em Newark, ele pegou um vôo doméstico para a Flórida, onde se matriculou na FFTC, escola de vôo na cidade de Venice, na Costa Oeste do estado.

Como já era piloto, Hani Hanjour só chegou aos Estados Unidos no início de dezembro. Desembarcou no Aeroporto Internacional de Los Angeles, procedente de Dubai, via Paris e Cincinatti. Nawaf al Hazmi, que já morava em San Diego havia quase um ano, foi recebê-lo. Hazmi era um exemplo claro de que um piloto suicida não se faz apenas com determinação e dinheiro para custear as aulas de vôo. É preciso um mínimo de aptidão, o que definitivamente não era o seu caso.

Bem-vindos aos Estados Unidos da América

Quando chegaram à Califórnia, em janeiro de 2000, Nawaf al Hazmi e Khalid al Mihdhar pensavam em se estabelecer em Los Angeles, onde aprenderiam a falar inglês e a pilotar aviões. Mas acharam a cidade grande e confusa demais. Na mesquita Fahd, no subúrbio de Culver City, que conheceram nos primeiros dias, um devoto lhes sugeriu que fossem para San Diego, 180 quilômetros ao sul, onde vivia uma sólida e unida comunidade árabe. Eles gostaram da idéia.

Em San Diego, com a ajuda do Centro Islâmico, Hazmi e Mihdhar alugaram um apartamento, compraram um Toyota 88 e tiraram carteira de motorista. Abriram uma conta bancária, na qual depositaram 10 mil dólares que KSM lhes entregou no Paquistão. Matricularam-se num curso de inglês, onde o desenvolvimento dos dois revelou-se pífio. E, sem falar a língua, não era possível ter aulas de vôo.

Só em abril, três meses após a chegada à Califórnia, Hazmi teve a primeira lição de pilotagem, uma aula teórica, de uma hora, no National Air College. Não entendeu quase nada do que foi dito pelo professor. Mihdhar nem tentou freqüentar o curso, pois seu inglês era nulo. E não parecia interessado em aprender.

Em maio, Hazmi e Mihdhar visitaram o Aeroclube Sorbi, também em San Diego, onde descobriram um piloto que falava árabe. Se disseram interessados em pilotar jatos. E não gostaram de saber que o aprendizado começava com aviões pequenos, a hélice e a pistão.

— Queremos jatos — insistiu Nawaf al Hazmi. — Podemos pagar.

Hazmi e Mihdhar acabaram aceitando voar em monomotores. E o início foi péssimo. Eram muito inábeis. Mesmo com um instrutor ao lado, não conseguiam manter a proa, nem a altitude, muito menos as asas niveladas. No final de maio, desistiram de pilotar. Hazmi, vice-líder da linha avançada da Operação Aviões, se conformou com o papel de coadjuvante na missão.

Certo dia, Mihdhar chamou o companheiro para uma conversa. Disse que queria voltar para o Oriente Médio. Sua mulher encontrava-se no Iêmen e seu primeiro filho acabara de nascer.

No sábado 10 de junho, Khalid al Mihdhar, desertor da linha de frente, viajou para o Iêmen. Hazmi, desolado, voltou para San Diego, onde arranjou um emprego de frentista num posto de gasolina na cidade vizinha de La Mesa.

Em Karachi, ao saber da defecção de Mihdhar, Khaled Sheik Mohamed ficou furioso. Temeu que todo o projeto pudesse estar em perigo. KSM viajou ao encontro de Osama bin Laden, no Afeganistão, e tentou excluir, permanentemente, Mihdhar de qualquer participação na Operação Aviões. Mas, para sua perplexidade, Bin Laden não só desculpou a atitude do desertor, como se recusou a tirá-lo da equipe. Disse que, quando chegasse o momento do ataque, Mihdhar poderia voltar aos Estados Unidos e ser útil.

Osama bin Laden sempre fora tolerante com as faltas dos subordinados. Certa vez, no Sudão, Jamal Ahmed al Fadl, um dos tesoureiros da al-Qaeda, desviou 110 mil dólares dos fundos da organização. Ao descobrir o desfalque, Bin Laden exigiu apenas que o ladrão devolvesse o dinheiro. Só que Fadl não apenas ficou com a quantia roubada, como fugiu para os Estados Unidos, onde se tornou informante da CIA.

Agora, com a saída de Mihdhar, KSM só não desistiu de tudo porque, em alguns fronts, as coisas evoluíam bem. Marwan al Shehhi e Mohamed Atta já se encontravam nos Estados Unidos, contatando escolas de aviação, tendo visitado a Escola de Vôo Airman, em Norman, Oklahoma, e uma outra, em Nova Jersey.

Em julho, por coincidência, Atta e Shehhi foram para a mesma cidade escolhida por Ziad Jarrah para aprender a voar: Venice, na Flórida. Mas, além de morarem em bairros diferentes, enquanto Jarrah começou seu treinamento no FFTC (Centro de Treinamento de Vôo da Flórida), Atta e Shehhi se matricularam no Programa Acelerado de Pilotagem da Huffman Aviation.

Mohamed Atta e Ziad Jarrah não se davam bem e raramente se encontravam. Desde Hamburgo, Atta não confiava no libanês. E este só aceitava formalmente, e de muito má vontade, a liderança do egípcio.

No final de julho, Atta e Shehhi fizeram seu primeiro vôo solo, o que aconteceu com Jarrah mais ou menos na mesma época. Por e-mail, e escrevendo em código, informaram a Ramzi Binalshibh, que se encarregou de transmitir a boa-nova a KSM.

Ao contrário de Shehhi e Atta, que não se relacionavam com os outros alunos de vôo, Ziad Jarrah, curtindo a vida ensolarada da Flórida, possuía um carro conversível e se dava bem com os de sua escola, inclusive seu instrutor, Arne Kruithof. Freqüentava festas e churrascos do grupo, nos quais não recusava uma cerveja. Nas aulas de pilotagem, Jarrah impressionava Kruithof por sua desenvoltura nos comandos.

Em agosto, Atta e Shehhi, no FFTC, e Jarrah, na Huffman, passaram nos exames prático e teórico de vôo e receberam seus brevês de piloto privado. Enquanto isso, na Califórnia, Nawaf al Hazmi continuava levando uma vida solitária, trabalhando no posto em La Mesa, quase não aprendendo inglês e sem exercer nenhuma atividade prática para a Operação Aviões.

Satisfeitos com o progresso dos pilotos kamikazes, Osama bin Laden e Mohamed Atef, no Afeganistão, e Khaled Sheik Mohamed, em Karachi, começaram a procurar os demais integrantes do grupo de ataque da Operação Aviões. A eles caberia controlar os passageiros e comissários de bordo, invadir as cabines e matar os pilotos.

A preferência era por solteiros e desempregados, entre 20 e 30 anos, de quatro a seis homens para cada seqüestro. Não era necessário que falassem inglês, nem que tivessem boa escolaridade. A idéia era recrutar principalmente sauditas, pois estes conseguiam vistos americanos facilmente.

Um dos primeiros selecionados foi Salem al Hazmi, irmão do vice-líder Nawaf e, como ele, nascido em Meca. Salem era a ovelha negra da família Hazmi. Além de não ser um muçulmano devoto, tomava bebidas alcoólicas, era brigão e sua ficha na polícia registrava pequenos furtos. Seu engajamento na operação suicida, sugerido por Nawaf, foi mais uma chantagem do que propriamente uma opção pessoal. Algo como:

"Você morre pela jihad, torna-se um mártir, herói da causa árabe e seus pecados serão perdoados."

Outros foram sendo escolhidos, muitos por indicações de clérigos muçulmanos. Ahmed al Nami, de 22 anos, e rosto inocente, recém-operado dos olhos, foi recrutado durante o *haji* (peregrinação a Meca). Waleed al Shehri, filho do líder da tribo Al Shehri, servia de guarda no aeroporto de Kandahar ao ser convocado.

No final do verão, mais dois foram selecionados: Ahmed al Ghamdi e Saeed al Ghamdi, que não eram irmãos, mas pertenciam à mesma tribo, na remota e pobre província de Bahah, Arábia Saudita. Após aprovar cada candidato, Osama bin Laden pedia ao eleito que aceitasse a honra de morrer por Alá e que fizesse uma declaração, como mártir, filmada em vídeo.

O *Samaritano* acompanhava pessoalmente os treinamentos. Nem todos os voluntários, ou escolhidos, passavam pelos testes. Saeed al Baluchi e Qutaybah al Najdi, por exemplo, não revelaram, durante as simulações de combate, a coragem necessária para uma operação suicida. Outro, Zuhair al Thubaiti, tinha um temperamento muito explosivo. Os três foram descartados. A família de um dos candidatos, Mushabib al Hamlan, que até já obtivera o visto americano, descobriu seu envolvimento com a al-Qaeda e interveio, escondendo o rapaz e destruindo seu passaporte.

Em 7 de setembro de 2000, o *Predador*, pequeno avião americano de espionagem, não tripulado, sobrevoou pela primeira vez o Afeganistão. No dia 28 desse mesmo mês, a aeronave espiã captou imagens de Bin Laden, colhidas na Fazenda Tarnak, uma das bases da al-Qaeda, na periferia de Kandahar. Se o presidente Bill Clinton quisesse, poderia ter mandado assassinar Osama com mísseis. Conselhos, nesse sentido, não lhe faltaram, mas Clinton hesitou. O ataque poderia matar muitas pessoas inocentes, inclusive mulheres e crianças, e criar um sentimento de indignação no mundo árabe.

Na Flórida, os preparativos do grupo de elite prosseguiam. Atta, Shehhi e Jarrah voavam exaustivamente, agora em pequenos bimotores. Recursos não lhes faltavam. Em três meses, gastaram mais de 100 mil dólares em aulas de vôo, pagando tudo em dinheiro.

Ziad telefonava para Aysel todos os dias, não raro mais de uma vez. Além de falar com ela de seu apartamento, ele adquiriu um celular. Ligava da praia, do campo de pouso, de todos os lugares. Trocavam seguidos e-mails. Jarrah também falava com Binalshibh, em Hamburgo, dando conta de seus progressos.

— Estou voando um Beechcraft — certo dia ele disse, entusiasmado, como se iniciasse uma carreira promissora.

Querendo apressar seu treinamento, Atta e Shehhi se transferiram para a Jones Aviation, em Sarasota, 32 quilômetros ao norte de Venice. A experiência não deu certo. Ao contrário do que supunham, na nova escola o sistema de ensino era mais lento. Além disso, os dois árabes estranharam os instrutores. Foram reprovados num exame de IFR (vôo por instrumentos) e decidiram regressar a Venice e à Huffman. Foi uma decisão acertada para eles. Em novembro, foram habilitados na mesma prova, tornando-se pilotos comerciais.

Em San Diego, após ter desistido de aprender a voar, Nawaf al Hazmi abandonou também as aulas de inglês. Pensou em se casar, para fugir à solidão (KSM aprovou a idéia), mas não conseguiu uma esposa na comunidade muçulmana local. No posto de gasolina em La Mesa, disse a um colega árabe que iria se tornar famoso.

No início de outubro de 2000, Ziad Jarrah não resistiu às saudades de Aysel Senguen. Sem pedir permissão a Mohamed Atta, muito menos à liderança da al-Qaeda, viajou para a Alemanha, onde parou apenas para buscar a noiva. Os dois viajaram em lua-de-mel para Paris. Ziad voltou à Flórida no dia 29.

Se a liderança da al-Qaeda ainda era meio restritiva com os candidatos a mártir, os consulados americanos na Arábia Saudita revelavam-se uma porta aberta para a entrada dos kamikazes. Aprovavam, sem maiores restrições, cada comando da Operação Aviões. Ahmed al Ghamdi obteve seu visto em 3 de setembro. Saeed al Ghamdi, no dia seguinte. Hamza al Ghamdi, em 17 de outubro. Mohand al Shehri, seis dias depois. Waleed al Shehri e seu irmão Wail (professor de educação física de 32 anos), no dia 24. Ahmad al Haznawi, que acabara de fazer 20 anos, em 12 de novembro. Majed Moqed, um jovem estudante de Direito, da cidade saudita de Annakhil, no dia 20. Satam al Suqami, de 24, logo depois. Todos com passaportes adulterados, repletos de carimbos falsos de entrada em Cingapura, Malásia, Turquia, Egito e outros países aliados dos Estados Unidos.

Cada comando, tão logo obtinha o visto, seguia para Karachi, onde recebia, diretamente das mãos de Khaled Sheik Mohamed, um prêmio de 2 mil dólares. KSM ensinava ao eleito palavras básicas de inglês e explicava o funcionamento dos aviões comerciais. O mais importante, eles já haviam aprendido nos campos da al-Qaeda, no Afeganistão: matar rapidamente com uma faca.

Em Venice, Mohamed Atta e Marwan al Shehhi começaram a pilotar grandes jatos em simuladores profissionais. O mesmo fazia Ziad Jarrah, embora em local diferente. Com a chegada de Hani Hanjour, em dezembro, eram quatro os pilotos habilitados no front.

Hanjour foi treinar em sua velha conhecida Arizona Aviation. Nawaf al Hazmi, que pediu demissão de seu emprego no posto de gasolina, sentiu-se útil em acompanhá-lo. Zacarias Moussaoui, o quinto piloto kamikaze, chegou aos Estados Unidos procedente de Londres.

Vieram então os feriados de Natal e Ano-Novo. Jarrah, dessa vez com autorização de Binalshibh, voltou a sair dos Estados Unidos. Foi a Beirute, visitar a família. No caminho passou pela Alemanha, para ver Aysel. Embora a data do ataque ainda não tivesse sido fixada, tudo levava a crer que se tratava da última passagem de ano do jovem libanês.

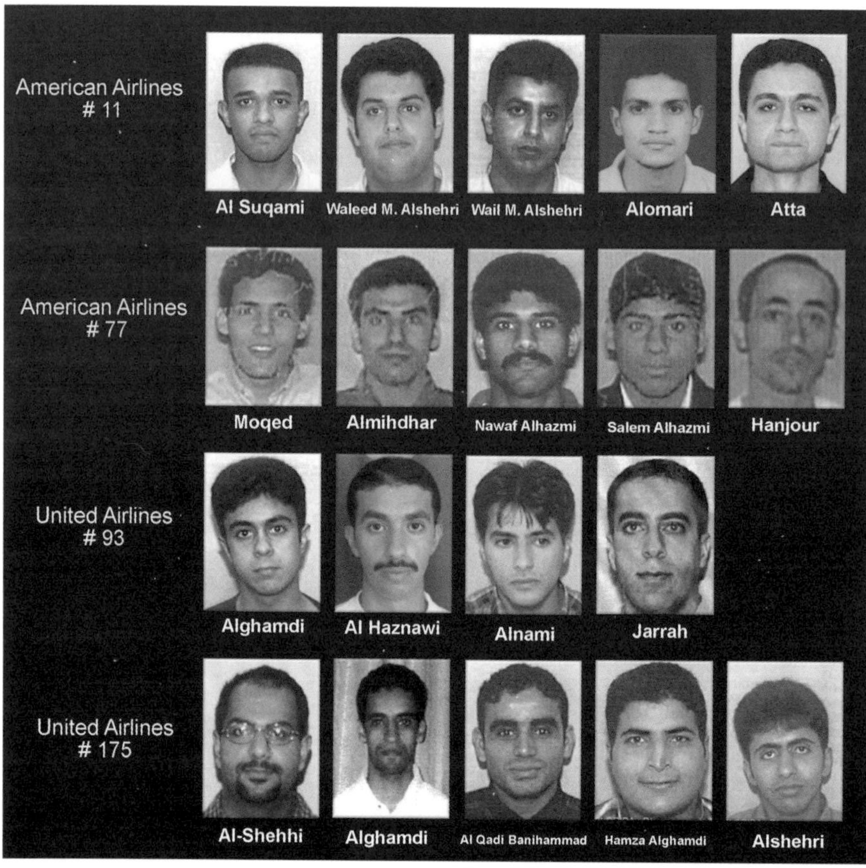

Os 19 seqüestradores que participaram da Operação Aviões

Pilotos e comandos

Desde o dia em que Nawaf al Hazmi e Khalid al Mihdhar, precursores da linha de frente da Operação Aviões, pisaram em solo americano, a equipe de ataque jamais foi coesa, organizada. O máximo que faziam era unir-se em duplas, tais como Mohamed Atta/Marwan al Shehhi e, mais tarde, Hani Hanjour/Nawaf al Hazmi. Os outros costumavam decidir seus passos sozinhos.

No início de janeiro de 2001, Atta viajou à Alemanha para se reunir com Ramzi Binalshibh. Disse que os três pilotos de Hamburgo (ele, Shehhi e Jarrah), tendo terminado o treinamento, aguardavam ordens. Como o saudita Hani Hanjour era piloto desde 1997, somavam-se quatro homens para quatro alvos, fora a hipótese do francês Zacarias Moussaoui concluir seu aprendizado a tempo.

Após o encontro com Mohamed Atta, Binalshibh voou para o Oriente. Quis acompanhar, em Kandahar e Karachi, a escolha e preparação dos comandos. Atta voltou a Miami. Seu amigo Marwan al Shehhi foi recebê-lo no aeroporto. Para aborrecimento de Atta, Shehhi disse estar embarcando para Casablanca, no Marrocos, para visitar um ex-colega de faculdade que sofrera um acidente.

Shehhi se ausentou por uma semana.

Ziad Jarrah, que rompera o ano no Líbano, na volta buscou Aysel Senguen na Alemanha, levando-a consigo para os Estados Unidos. Durante dez dias, o casal se divertiu na Flórida. No conversível de Ziad, eles foram a praias, restaurantes, fizeram compras, dançaram em discotecas. Ziad deu a ela uma aliança de ouro. Tudo por conta da al-Qaeda. Atta ficou indignado ao saber, através de um instrutor de vôo de Venice, que Ziad também levou a noiva para assistir a uma das aulas de simulador.

Logo após a partida de Aysel, Jarrah voltou repentinamente ao Líbano, agora para visitar o pai, Samir, que sofrera uma cirurgia cardíaca de emergência. Ziad só avisou Atta na hora do embarque.

O líder sentia-se totalmente sem prestígio. Mas seguiu em frente com a missão. Para aprimorar sua técnica de pilotagem, ele e Shehhi visitaram aeroclubes em Norcross e Lawrenceville, na Geórgia, e Decatur, no Alabama. Alugaram pequenos aviões e voaram com instrutores.

Em Oklahoma, Zacarias Moussaoui tentava correr contra o tempo e se equiparar aos companheiros. Tal como lhe fora indicado por Ramzi Binalshibh, começou a tomar aulas de pilotagem na Escola de Vôo Airman.

No Afeganistão, o treinamento dos comandos, dirigido por KSM e Mohamed Atef, agora com auxílio de Binalshibh, seguia em ritmo veloz. Os candidatos foram enviados para lutar na Guerra Civil do país, nas fileiras do Talibã. Isso lhes servia de aprendizado e, para seus avaliadores, como teste de coragem.

Após o batismo de fogo, os aprovados iam para uma casa da al-Qaeda, em Karachi, onde ouviam preleções sobre o Ocidente. Seguiam então para os Estados Unidos, com escala em Dubai. Na hora do embarque para a América, cada um recebia 10 mil dólares, das mãos do próprio KSM, para as despesas iniciais.

No final de fevereiro, Jarrah regressou à Flórida. No trajeto, fez, como sempre, uma escala na Alemanha, para ver Aysel. Ao chegar a Miami, ligou para Mohamed Atta, que lhe indicou o aeroclube de Decatur. Jarrah seguiu para lá e voltou a treinar.

Em Mesa, Arizona, Hani Hanjour treinou várias semanas num simulador de 737. Hazmi lhe fez companhia na cidade. No final de março, após Hanjour ter concluído seu curso, os dois viajaram de carro para o leste. Era preciso mais gente para receber os comandos que chegavam aos Estados Unidos. Hanjour e Hazmi alugaram um apartamento em Alexandria, Virgínia, na Grande Washington.

Ziad parecia mais interessado em Aysel do que em sua missão. Não saía da ponte área Miami–Hamburgo. Passou a última semana de março e a primeira de abril com a noiva. Atta não se conformava com a independência do libanês, mas nada podia fazer.

Apesar dos desentendimentos, da falta de senso de hierarquia e do treinamento esparso e desorganizado, o fato é que os pilotos da Operação Aviões, com exceção de Moussaoui, já eram bons o suficiente para assumir o comando de uma aeronave, em pleno vôo, e lançá-la contra um alvo no solo.

No início da segunda quinzena de abril, Marwan al Shehhi voltou a viajar, dessa vez para o Egito. Avisou a Atta com alguns dias de antecedência, mas não explicou o que foi fazer lá. Shehhi ficou duas semanas no Cairo.

Faltavam menos de cinco meses para o 11 de setembro quando os comandos começaram a desembarcar nos Estados Unidos. No dia 23 de abril, Waleed al Shehri e Satam al Suqami chegaram a Orlando. Embora seus vistos de entrada fossem autênticos, alguns carimbos do passaporte de Suqami eram falsos, detalhe que não foi percebido pela Imigração. Atta instalou os dois num motel na praia de Hollywood, ao norte de Miami.

Nove dias depois, Ahmad al Haznawi e Majed Moqed pousaram no aeroporto Dulles, em Washington. Foram recebidos por Hanjour e pelo vice-líder Hazmi. Abdulaziz al Omari desembarcou uma semana mais tarde, procedente de Zurique. Eram agora cinco os moradores do apartamento de Alexandria. Hamza al Ghamdi, Mohand al Shehri e

Ahmed al Nami foram os próximos a chegar. Atta foi recebê-los em Miami.

Consciente de que precisava estabelecer um mínimo de entrosamento na equipe, Atta procurou se aproximar de Ziad Jarrah. No dia 2 de maio, os dois foram juntos ao Aeroporto Internacional de Miami, onde Shehhi desembarcou, vindo do Cairo. Os três homens da célula de Hamburgo seguiram para Lauderdale Lakes, onde trocaram idéias por vários dias.

No final de maio, houve uma reunião importante entre Bin Laden, KSM, Atef e Binalshibh. O encontro aconteceu no Conjunto Cinco, complexo da al-Qaeda próximo a Kandahar. A maior dúvida que ainda persistia era em relação ao número de alvos. Se Zacarias Moussaoui aprendesse a voar a tempo, hipótese que a cada dia se tornava mais improvável, seriam cinco. Caso contrário, quatro. O alvo pendente era a Casa Branca.

Mohamed Atta, na Flórida, ocupava-se com a logística da seleção dos vôos. Todos teriam de partir da Costa Leste (de aeroportos próximos aos alvos), com destino à Costa Oeste. Assim, na hora do choque, estariam com os tanques de combustível ainda cheios. Cada piloto já sabia qual era o seu alvo. Atta: Torre Norte; Shehhi: Torre Sul; Hanjour: Pentágono; Ziad Jarrah: Capitólio; Moussaoui: Casa Branca.

Os pilotos procuravam estudar seus alvos e as rotas para atingi-los. Jarrah e Hanjour sobrevoaram, em dias diferentes, a região de Nova Jersey, entre Nova York e Washington. Mas, como se tratava de uma área de intenso tráfego aéreo, os aeroclubes nos quais alugaram monomotores exigiram que voassem em companhia de um instrutor. Dias depois, entretanto, Hanjour, para sua grande alegria, conseguiu voar solo. Sobrevoou Washington, levando Nawaf al Hazmi como passageiro, e marcou bem a posição do Pentágono.

Um outro tipo de preparativo abrangia pilotos e comandos: familiarização com vôos iguais ou parecidos com os dos seqüestros.

No final de maio, Marwan al Shehhi voou, de primeira classe, pela United, de Nova York para São Francisco. Em sua bagagem de mão, levou um estilete fragmentável (*box cutter*), arma que pretendia usar no seqüestro. A maleta passou pelo controle de segurança, sem problema. Segundo as normas então em vigor nos aeroportos, estiletes, facas e canivetes com lâminas de até quatro polegadas (11 centímetros) eram permitidos.

Jarrah voou de Baltimore para Los Angeles. Atta, de Boston para São Francisco. Os dois levaram estiletes. Um dos comandos, Waleed al Shehri, pegou um vôo da mesma rota. Hanjour e Hazmi também voaram costa a costa.

Por telefone, e falando em código (referia-se aos ataques como se fossem uma grande festa de casamento), Atta prestou contas a Binalshibh, que retornara à Alemanha, dos preparativos da "cerimônia". Deu más notícias sobre Zacarias Moussaoui. Disse que o "convidado" dificilmente poderia estar presente.

Sem o menor cacoete de aviador, após cinqüenta horas de treinamento o francês Moussaoui interrompera suas aulas de pilotagem. Alegando incapacidade técnica, o instrutor não o liberava para voar solo. Agora Moussaoui se limitava a freqüentar um curso de simuladores.

Os comandos continuavam chegando. Ahmad al Haznawi e Wail al Shehri desembarcaram em Miami no dia 8 de junho, procedentes de

Dubai, via Londres. Saeed al Ghamdi e Fayez Banihammad, em Orlando, dia 27. Salem al Hazmi e Abdulaziz al Omari, no aeroporto Kennedy, em Nova York, dias depois.

Com dinheiro no bolso, os recém-chegados logo alugavam um carro. Dividiam-se em grupos, morando sempre perto de Nova Jersey ou Washington. Freqüentavam academias de ginástica. Quem, por acaso, observasse uma dupla ou trinca deles, não poderia jamais imaginar que fossem terroristas. Pareciam turistas se divertindo, ou atletas se exercitando. Bem barbeados, usando trajes ocidentais, com camisas esporte coloridas e calças jeans, passavam ao largo das mesquitas. Jamais se prostravam, a não ser no interior de seus apartamentos, em direção a Meca.

Por mais estranho que possa parecer, o primeiro em comando, Mohamed Atta, e o segundo, Nawaf al Hazmi, se encontraram pela primeira vez, em território americano, no final de junho de 2001. Antes disso, a única ocasião em que haviam se visto fora um ano e meio antes, num albergue de pernoite, em Quetta, no Paquistão, antes mesmo de Mohamed Atta se filiar à al-Qaeda.

No início de julho, após novo encontro com Hazmi, Atta julgou que era hora de acertar, pessoalmente, com Binalshibh, os últimos detalhes da Operação Aviões. Viajou para a Europa. Os dois jihadistas, amigos desde 1995, se reuniram na cidade espanhola de Reus, a 100 quilômetros de Barcelona.

Binalshibh disse a Atta que Bin Laden queria o desfecho para logo, pois temia um vazamento. Atta respondeu que ainda não dava para fixar a data. Coordenava o trabalho final da equipe e estudava horários de vôos costa a costa, de modo que os ataques ocorressem simultaneamente. Pediu mais um mês e meio. E prometeu informar o dia D com uma semana de antecedência. Assim, Binalshibh poderia sair a tempo da Alemanha e a liderança da al-Qaeda, no Afeganistão e Paquistão, se dispersar pelos esconderijos da Base.

Da pauta de discussões, constavam outros assuntos, delicados. Atta revelou que alguns homens se queixavam do fato de não poderem se despedir de suas famílias, coisa que ele mesmo proibira. Também se mostrou temeroso de Jarrah. Disse que o libanês era muito infantil.

— No último instante, Ziad poderá pôr tudo a perder, com uma tolice qualquer — o egípcio advertiu. — Ele é imaturo.

Binalshibh voltou para a Alemanha, de onde fez, usando códigos (sempre o casamento), um resumo da reunião para KSM. Atta ficou mais um dia na Espanha. Foi ao consulado americano em Madri e conseguiu prorrogar seu período de permanência nos Estados Unidos. Pegou um vôo para a Flórida.

Khalid al Mihdhar, o desertor da Operação Aviões, encontrava-se agora em Meca, com a família. De lá, enviou um recado a Osama bin Laden, pedindo para ser readmitido na missão. O *Samaritano* aceitou a volta do filho pródigo.

"Quanto mais mártires da cidade sagrada do Profeta, melhor", era seu pensamento.

No dia 4 de julho, Mihdhar desembarcou no Kennedy. Foi recebido por Nawaf al Hazmi, a quem abandonara, um ano antes, em San Diego. Sem mostrar ressentimentos, Hazmi levou Mihdhar para seu apartamento, em Paterson, Nova Jersey.

Completava-se a equipe de 19 homens. Na verdade, deveriam ter sido vinte mártires para cinco vôos, quatro em cada um, plano abortado pela incapacidade de Zacarias Moussaoui de aprender a pilotar.

Só que Moussaoui não desistira. No dia 10 de julho, ele foi à Pan Am International Flight Academy, em Eagan, Minnesota. Pagou, adiantado, 9 mil dólares, por aulas de simuladores. Embora não possuísse sequer um brevê de piloto privado, o francês pediu para fazer um vôo simulado entre os aeroportos Heathrow, em Londres, e Kennedy, em Nova York. Mostrou-se arrogante:

— Eu paguei, não paguei?

— Este equipamento é o de um Boeing 747, senhor Moussaoui. É melhor começar com aeronaves menores.

— Eu paguei, não paguei? Quero aprender.

Na Flórida, Ziad Jarrah morria de saudades de Aysel. Ligou para ela e pediu-lhe que comprasse, pela Internet, uma passagem, em nome dele, de Miami para Düsseldorf.

Ao ser informado, pelo próprio Jarrah, da viagem à Alemanha, Mohamed Atta ligou para Binalshibh. Sentia tanta raiva que não se preocupou em usar códigos.

— Eu disse que ele ia causar problemas. Não disse? É melhor reduzirmos a operação para três vôos, ou incluir Moussaoui, seja lá como ele estiver.

— Calma, Amir. — Binalshibh costumava chamá-lo assim, na intimidade. — Quando Ziad chegar aqui, estarei no aeroporto. Fica difícil mudar as coisas neste estágio.

Atta transigiu e, na manhã de 25 de julho, levou Jarrah ao aeroporto de Miami. À noite, em Düsseldorf, Ramzi Binalshibh recepcionou o libanês.

— Nós precisamos sentar com calma e conversar — disse o iemenita.

— Hoje não dá. Aysel está me esperando.

Só três dias depois Binalshibh conseguiu falar com Jarrah. Suplicou-lhe que prosseguisse com o plano.

— Eu jamais pensei em desistir — Ziad Jarrah se surpreendeu com o pedido.

Binalshibh se apressou em dar a notícia a KSM, que andava pensando seriamente em substituir Jarrah, mesmo que fosse por Zacarias Moussaoui.

Nos Estados Unidos, ia se tornando cada vez mais difícil, para os kamikazes, controlar a ansiedade. O segundo em comando, Nawaf al Hazmi, por exemplo, ligou para dois de seus antigos colegas no posto de gasolina na Califórnia. Disse a eles que algo grandioso iria acontecer em breve.

Mohamed Atta percebeu a tensão do grupo e convocou todos, pilotos e comandos, para uma reunião em um hotel de Newark. Foi a primeira e última vez que os 19 homens do front da Operação Aviões se reuniram.

Diversos itens foram discutidos. Atta disse que, durante os vôos, se as portas das cabines de comando permanecessem trancadas, eles teriam de ameaçar a execução de um refém, simular a posse de bombas, ou usar de qualquer expediente, por mais violento que fosse, para que os pilotos as abrissem.

O líder informou a escalação dos 15 comandos, vôo por vôo, decidida por ele e Hazmi: quatro em cada um e três no de Jarrah. Atta explicou também que ele, Hazmi e Hanjour iriam fazer mais uma viagem em vôo comercial costa a costa. A idéia era dar uma repassada nos detalhes das rotinas de bordo, principalmente o vaivém dos comissários, entrando e saindo das cabines.

No dia 13, Hanjour e Hazmi voaram para Las Vegas, na primeira classe de um Boeing 757. Atta, que chegara lá uma hora antes, procedente de Washington, os aguardava no Aeroporto Internacional McCarran.

Se a viagem foi útil para a estratégia da Operação Aviões, isso é algo que jamais se saberá. O certo é que, com milhares de turistas, boa parte deles estrangeiros, Las Vegas é a cidade do anonimato.

Mesmo se tivessem usado seus trajes típicos árabes, Atta, Hazmi e Hanjour não teriam se feito notar. Quanto mais em roupas ocidentais. Os três jihadistas jogaram em diversos cassinos, foram a lojas de lingerie e a uma sex shop. Encerraram a noite do dia 13 com um (se é que se pode chamá-lo assim) *ménage à quatre* com uma prostituta mexicana.

KSM andava preocupado. Ficou sabendo que Osama bin Laden estivera se vangloriando com visitantes de um dos campos da al-Qaeda, no Afeganistão, dizendo-lhes que um ataque aos Estados Unidos estaria próximo. Bin Laden também insinuara algo sobre o assunto ao líder do Talibã, Mulá Omar. Este, por sinal, proibira terminantemente que esse ataque fosse planejado em solo afegão.

Ao mesmo tempo, em Washington, um comitê interministerial concluía que era possível usar uma versão armada do *Predador* para eliminar Bin Laden, e que isso seria um ato de legítima defesa, não violando a Ordem Executiva 12.333, de banimento de assassinatos, em vigor desde 1981.

Em Eagan, Minnesota, um dos instrutores da Academia Pan Am, desconfiado das intenções de Zacarias Moussaoui, telefonou para o escritório do FBI, em Minneapolis. Por coincidência, tanto o agente que atendeu a ligação como seu supervisor eram pilotos. E se interessaram pelo caso. Numa checagem com o INS (Serviço de Imigração e Naturalização), descobriram que o prazo do visto de permanência de Moussaoui nos Estados Unidos expirara.

Após a farra em Las Vegas, Mohamed Atta voltou aos ajustes finais. No dia 23 de agosto, reuniu-se com Hazmi em Newark. Juntos, escolheram, pela Internet, os quatro vôos que seriam seqüestrados: AAL11, UAL175, UAL93 e AAL77. A diferença de horário de decolagem entre o primeiro e o último era de apenas 27 minutos. Sendo vôos do início da manhã, a possibilidade de que um deles se atrasasse, dessincronizando os ataques, era menor. Fixaram também o dia D, terça-feira, 11 de setembro, na semana seguinte ao fim da temporada americana de férias e do recesso do Congresso, ocasião em que os vôos estariam vazios, e o Capitólio, cheio.

Dias antes da definição dos vôos, Zacarias Moussaoui encontrava-se em um motel de Minnesota quando agentes do INS irromperam em seu quarto.

— O senhor está preso, por violar as leis de imigração.

No HD de seu laptop, apreendido na hora, Moussaoui gravara diversos detalhes da Operação Aviões, inclusive nomes de jihadistas envolvidos e relação de alvos.

Nove dias em setembro

Roma, Itália, final de verão. Nada menos do que quinhentas pessoas, entre executivos e convidados da gigante de informática Oracle, participavam, nos primeiros dias de setembro de 2001, de uma convenção da empresa, misto de lazer e trabalho.

Um dos participantes era Todd Beamer, 32 anos, *workaholic*, bem-sucedido gerente de contas de clientes. Sua mulher, Lisa, da mesma idade, o acompanhava na viagem. Os dois filhos do casal, David, 3, e Andrew (Drew), 1 ano e meio, ficaram nos Estados Unidos, com a avó materna. Lisa estava grávida de cinco meses de uma menina.

O casal morava numa casa ampla e confortável na cidadezinha de Cranbury, de pouco mais de 2 mil habitantes, reduto de classe média alta no estado de Nova Jersey, distante apenas 60 quilômetros da ilha de Manhattan.

Louco por esportes, Todd era fã de Michael Jordan. No porão de sua casa, um mural, pintado por sua sogra, representava Jordan fazendo uma cesta. Anos antes, quando trabalhava na Wilson, também poderosa multinacional de materiais esportivos, Todd conhecera, de passagem, o astro do Chicago Bulls, numa visita de Jordan à sede da empresa.

Afeganistão. Depois de saber da data do ataque, Osama bin Laden reuniu o conselho da al-Qaeda. Só então deu os detalhes da Operação

Aviões. A notícia não foi bem recebida por todos. Muitos conselheiros se preocuparam com a reação do Talibã. A essa altura dos acontecimentos, nem KSM nem Bin Laden faziam a menor idéia de que, nos Estados Unidos, Zacarias Moussaoui, o quinto piloto kamikaze, fora preso.

Minneapolis, estado de Minnesota. O FBI mantinha Moussaoui sob custódia. Sendo o *bureau* uma polícia judiciária, a prioridade dos agentes era obter provas, de modo estritamente legal, para levar o suspeito a uma corte. Por isso, o laptop do francês (com as informações sobre o complô) permanecia intocado. Sua inspeção exigia um mandado judicial.

Logo, os interrogadores de Moussaoui perceberam que ele era um fanático. Pior, um fanático que, sem ter brevê, tentara aprender a pilotar um Boeing 747. A informação subiu a escala de hierarquia do FBI. A CIA foi notificada.

No dia 23 de agosto, o diretor da agência, George Tenet, recebeu um *briefing* (relatório resumido) sobre o caso, intitulado *Extremista islâmico aprende a voar*. Pelo dossiê, ficou sabendo que Moussaoui pagara adiantado, e em dinheiro vivo, seu treinamento na Academia Pan Am e quisera fazer, no simulador, um vôo entre Londres e Nova York. Mas, sem os dados do laptop, a informação era uma ponta de fio solta, que não conduzia a nada, muito menos à al-Qaeda.

Desde a Resistência Francesa, na Segunda Guerra Mundial, os movimentos clandestinos têm como norma que seus integrantes se comuniquem, pessoalmente ou por telefone, a cada tantos dias e em determinadas horas. Quando um deles falta ao compromisso, é sinal de que foi preso. Neste caso, os outros se dispersam.

A Operação Aviões, com seu cada-um-por-si e Alá por todos, não adotava esse método. Assim, Mohamed Atta, na Costa Leste, e Ramzi Binalshibh, na Alemanha, custaram a dar por falta de Moussaoui. Só nos primeiros dias de setembro, Atta ligou para Hamburgo e falou sobre o assunto com Binalshibh. Este levou o caso a sério. Apressou-se em ligar para KSM.

— Estamos preocupados com o convidado do Oeste. Até hoje ele não deu notícias. — Binalshibh voltou a se referir a um pretenso casamento.

Em Karachi, KSM ficou em silêncio alguns segundos, digerindo a informação, antes de responder:

— Talvez a gente tenha de adiar a cerimônia. Vou falar com a família. Depois aviso.

Mais do que depressa, KSM informou a Bin Laden. Este minimizou o fato. Preferiu obedecer aos seus instintos. Manteve a data da Operação Aviões. E prosseguiu em sua estratégia de ação, cujo primeiro passo era mandar assassinar Ahmed Shah Massoud, líder da Aliança do Norte, afegã. Isso precisava ocorrer antes de 11 de setembro e era um agrado ao Mulá Omar, do Talibã, de quem Massoud era o grande inimigo e a maior ameaça.

Confirmado o dia do ataque, Binalshibh se apressou em sair de Hamburgo. Na primeira semana de setembro, partiu para o Paquistão. De lá, passou a manter contato diário, por telefone e e-mail, com Mohamed Atta.

Nos Estados Unidos, os seqüestradores começaram a se concentrar nas cidades de partida de cada vôo. Nawaf al Hazmi, Hani Hanjour e os outros três designados para o AAL77 se moveram de Nova Jersey para Laurel, Maryland, a vinte minutos do aeroporto Dulles, de Washington, de onde o vôo 77 iria decolar. Na sexta-feira, 7 de setembro, Atta passou pela cidade para ver o grupo.

Nessa mesma sexta, os comandos do vôo 93 saíram de sua base na Flórida e foram para o luxuoso Hotel Marriott, ao lado dos três terminais de passageiros do aeroporto de Newark. Ficaram em quartos separados, aguardando, ansiosos, a chegada de seu piloto, Ziad Jarrah. Este, dirigindo um carro alugado, registrou-se no hotel na madrugada de domingo, dia 9, e se reuniu aos seus homens.

Marwan al Shehhi e os oito seqüestradores encarregados dos vôos AAL11 e UAL175 esperavam Mohamed Atta em dois hotéis da periferia de Boston. Embora tivesse proibido os kamikazes de se despedirem de suas famílias, Atta telefonou para seu pai, no Cairo. Ligou também para Binalshibh, que acabara de chegar ao Afeganistão. Pediu-lhe que desse lembranças a KSM e que, após os ataques, enviasse mensagens de despedida às famílias dos militantes que morreriam nos atentados.

As 19 passagens aéreas já haviam sido compradas, pela Internet, a maioria de primeira classe. Julgando que tantos árabes embarcando ao mesmo tempo, em apenas dois vôos, e no mesmo aeroporto, o Logan, de Boston, pudessem chamar a atenção do pessoal de segurança, Atta decidiu despistar. Em seu bilhete, e no de Abdulaziz al Omari, o ponto de partida da viagem era Portland, no Maine, para onde seguiriam de carro na véspera do dia D. Na madrugada do dia 11, iriam pegar um vôo regional da Colgan Air, de Portland para Boston, onde fariam conexão, numa sala de trânsito, com o vôo AAL11, da American Airlines, com destino a Los Angeles.

No domingo 9 de setembro, Ahmed Massoud, da Aliança do Norte, iniciou uma entrevista a uma equipe belga de televisão, agendada dois dias antes. O repórter e o cinegrafista, fluentes em árabe, se disseram de origem marroquina. Na verdade, eram suicidas. Levavam explosivos escondidos no equipamento. Assim que Massoud começou a falar, eles detonaram a bomba. Morreram quatro pessoas: Massoud, os dois falsos jornalistas e mais um homem da cúpula da Aliança.

Nesse mesmo domingo, antevéspera dos ataques, Mohamed Atta chegou ao hotel, em Newton, na Grande Boston, onde seu amigo Marwan al Shehhi se hospedava. Nas visitas às quatro equipes, Atta distribuíra um bracelete de ouro para cada homem. Deu o último a Shehhi. As jóias eram um presente de Binalshibh, que as entregara a Atta durante o encontro na Espanha. A idéia era a de que todos parecessem sauditas ricos na hora do embarque.

Um bracelete de diamantes — comprado numa joalheria da Ponte Vecchio, em Florença, onde passaram um dia — foi o presente que Todd Beamer deu a Lisa na semana de lua-de-mel italiana.

No domingo, em Roma, eles visitaram o Coliseu. À noite houve o jantar de gala, black tie, de encerramento da convenção. Na segunda, os Beamer voltariam para casa. Na terça-feira, dia 11, Todd teria uma reunião de trabalho, na Califórnia, com executivos da Sony. De início, pensou em desembarcar em Newark e pegar imediatamente um vôo noturno para São Francisco, mas mudou de idéia. Decidiu passar uma noite em Cranbury com as crianças. Por isso fez reserva no vôo 93, da United Airlines, de Newark para São Francisco, marcado para as oito da manhã de terça.

Liz Wainio, 27 anos, não só era gerente-geral das lojas do Discovery Channel em Nova York e Nova Jersey, mas também a vendedora de maior produtividade nas mais de trezentas lojas da empresa espalhadas pelos Estados Unidos.

Embora não conhecesse os Beamer, a vida de Liz tinha, nesse momento, vários pontos em comum com a do casal. Ela também viajava pela Europa, também estivera em Florença (para o casamento de uma amiga), também morava numa cidade pequena de Nova Jersey: Watchung, a 30 quilômetros de Cranbury.

De Florença, Liz seguiu para Paris, onde visitou outra amiga.

No mesmo domingo em que Todd e Lisa Beamer compareceram ao jantar da Oracle, Liz Wainio desembarcou em Newark. Fim de férias. Na terça, 11 de setembro, tal como Todd Beamer, Liz viajaria no vôo UAL93 para São Francisco.

Já passava da meia-noite de domingo para segunda. Em seu quarto no Hotel Marriott, Ziad Jarrah, designado por Mohamed Atta para o vôo 93, telefonou para sua casa, no Líbano, onde já era dia claro. Conversou com seu pai, Samir, e confirmou presença em um casamento da família, marcado para o dia 22, em Beirute.

— Até comprei um terno — Jarrah mentiu com desfaçatez.

— Eu e sua mãe já resolvemos — Samir respondeu, satisfeito. — Quando você se casar com Aysel, ganhará de presente um Mercedes novinho.

Após desligar, Jarrah deitou-se na cama. Leu, pela enésima vez, o manual de operações da al-Qaeda. Sem o mínimo sono, levantou-se, foi até a escrivaninha, sentou-se e começou a escrever, em alemão, sua última carta para Aysel.

Antes de mais nada, quero que você tenha certeza de que a amo de todo coração. Você não deve duvidar desse meu amor. Eu a amo, e vou amá-la para sempre. Não quero que fique triste. Estarei vivo em algum lugar no qual você não poderá me ver, nem me ouvir, mas eu a verei e saberei como está. Há sempre a hora de cada um tomar posse de seu destino. É culpa minha se lhe dei tantas esperanças sobre casamento, crianças, família e muitas outras coisas.

Eu sou aquilo que você sempre desejou mas, infelizmente, você terá de esperar mais um pouco até que possamos ficar juntos novamente. Não estou fugindo de você; apenas fazendo o que esperam de mim. Quero que você se sinta orgulhosa, porque o que farei será uma honra. Você verá o resultado e todos ficarão felizes.

Quero que seja forte, como sei que consegue ser. Faça aquilo que deve fazer. Mantenha a cabeça erguida, como os vencedores. Lembre-se sempre de quem você é.

Nós teremos uma vida eterna maravilhosa, sem problemas ou tristezas. Viveremos em palácios de ouro e prata. Enquanto esse dia não chegar, você não ficará só. Alá estará com você e com os seus pais. Quando precisar de alguma coisa, pergunte a Ele. Ele ouve e sabe o que está dentro de você.

Nosso Profeta (que as bênçãos de Alá caiam sobre ele) disse: "Aquele que não tem uma mulher é um pobre homem e aquela que não tem um homem é uma pobre mulher." Ainda virei para pegá-la mas, se você quiser se casar com outro, não tenha medo, vá em frente. Entretanto, como você sabe, não gosto de todos os homens.

Pense naquilo que você é e veja quem a merece.

Estou pegando você nos meus braços, beijando suas mãos e sua cabeça. Agradeço-lhe e, ao mesmo tempo, peço-lhe desculpas pelos difíceis cinco anos nos quais você ficou comigo. Sua paciência será recompensada, se for a vontade de Alá.

Sou seu príncipe e irei até você.

Adeus.

O homem de sua vida.

Ziad Jarrah,

10/9/2001

Deinen mann für immer

Ziad Jarrah

10-9-2001

Al Omari e Atta, captados por uma câmera de segurança em South Portland, ao sacar dinheiro num caixa eletrônico, na véspera dos ataques.

Segunda-feira, véspera do ataque

Embora fosse um empresário bem-sucedido, Mark Bingham, 31 anos, vinha perdendo o entusiasmo por seu negócio, o Grupo Bingham de relações públicas. Sua prioridade tornou-se curtir a vida. Agora passava mais tempo em seu apartamento de Nova York do que no de São Francisco, onde funcionava a sede da empresa.

Mesmo o rúgbi, uma de suas grandes paixões, vinha sendo deixado de lado. Pois o Fog's, time amador no qual jogava na defesa, formado quase só por gays, também ficava em São Francisco. Mark Bingham, por sinal, era gay assumidíssimo. Sua mãe, Alice Hoglan, ex-comissária de bordo da United Airlines, que o criara sozinha, aprovava, sem maiores reservas, a opção sexual do filho.

Mark encontrava-se em Nova York desde 1º de setembro. Com sua ausência, pequenos problemas se acumularam no escritório. Agora, ele precisava retornar à Califórnia, para resolvê-los. Por isso, fez reserva num vôo que sairia cedinho de Newark na terça-feira, dia 11. Como queria aproveitar bem suas últimas horas na Costa Leste, combinou um encontro com um amigo, Matt Hall.

Depois de cruzar o Atlântico, o gerente de contas da Oracle, Todd Beamer, e sua mulher, Lisa, vindos da convenção em Roma, pousaram em Newark no meio da tarde. Pegaram o carro no estacionamento do aeroporto e viajaram ao encontro da mãe de Lisa, que, por sua vez, veio em direção a eles, com as crianças. No meio do caminho, os dois carros se interceptaram numa área de piquenique ao lado da rodovia. David e Drew foram passados do carro da avó para o dos pais. Estes seguiram para Cranbury. No dia seguinte, Todd teria de voltar a Newark, de onde sairia o vôo 93 para São Francisco.

Conhecida em todo o país, e mais ainda nas altas rodas do poder em Washington, Barbara Olson, 45, era uma mulher conservadora e influente. Casada com o procurador-geral dos Estados Unidos, Ted Olson, ela era advogada, autora de vários livros e comentarista política da TV. Entre os seus maiores desafetos estavam o ex-presidente Bill Clinton e sua mulher, Hillary, temas prediletos de suas críticas contundentes.

Barbara tinha um compromisso, em Los Angeles, na terça-feira, 11 de setembro. Planejou ir para lá num vôo do dia 10. Mas mudou de idéia. Dia 11 era o aniversário de Ted e ela queria estar com ele, ao menos no café-da-manhã. Remarcou seu bilhete para o vôo 77, da American Airlines, que sairia do aeroporto Dulles às 8h12 de terça.

Se Todd Beamer tivesse embarcado na segunda, como planejara no início, enfrentaria contratempos. O aeroporto de Newark passava por obras de expansão. Logo após os Beamer terem chegado da Itália, irrompeu um incêndio num dos canteiros de serviço. Uma pista de taxiamento (taxiway) foi interditada e vários vôos transferidos para o Kennedy.

A mudança de aeroporto foi justamente a razão pela qual Jeremy Glick, o faixa preta de judô, adiou seu vôo de segunda para terça. Ele se hospedava na casa dos sogros, nas montanhas Catskill, 150 quilômetros ao norte de Nova York, com sua mulher, Lyz, e Emmy, a filhinha de dois meses do casal. Ao saber da alteração, Jeremy decidiu remarcar sua reserva para o vôo 93, de terça-feira, cuja decolagem a United Airlines garantia para Newark.

Glick era gerente de vendas da Vividence Corp, empresa especializada em ensinar técnicos a aproveitar melhor a Internet. Mas, após a chegada de Emmy, ele relegara o trabalho a segundo plano. A ida a São Francisco era sua primeira viagem de negócios desde o início do verão. A própria Lyz insistira com o marido para que ele voltasse à sua rotina normal:

— Pare de se preocupar com Emmy. Deixa que eu cuido dela.

Além de fanático religioso, o saudita Abdulaziz al Omari era um homem de pavio curto. Não raro, se metia em confusões que poderiam ser evitadas. Por isso, Mohamed Atta o selecionou para passar, com ele, a noite de 10 para 11, em Portland, no Maine. De lá, na madrugada de terça, eles partiriam num vôo regional para o Logan, ponto de partida do AAL11. Com Omari sob vigilância, o líder dos kamikazes se sentia mais tranqüilo.

No início da tarde de segunda, Atta deixou o hotel em Newton, onde havia se hospedado durante uma noite com Marwan al Shehhi. Dirigindo um Nissan azul e prata da locadora Álamo, o egípcio buscou Omari no Milner Hotel. Os dois pegaram a interestadual 95 e seguiram, rumo norte, para Portland, a 160 quilômetros de distância.

Dois mil e duzentos quilômetros a sudoeste de Portland, o presidente George W. Bush, após passar o dia com amigos e líderes políticos da Flórida, iria dormir no Colony Beach Resort, hotel de luxo construído em meio a um local de natureza exuberante, uma ilha de coral no Golfo do México, em Sarasota. Seu compromisso para a manhã seguinte seria dar uma aula, sobre a importância da leitura, na escola primária Emma E. Booker, próxima do hotel. Depois da aula, a agenda oficial previa a volta de Bush a Washington.

San Diego, Califórnia. Após ter recebido, dias antes, um telefonema de Nawaf al Hazmi, Mohdar Abdullah, frentista do posto de gasolina onde Hazmi trabalhara no ano anterior, deu com a língua nos dentes. Espalhou, em seu círculo de amigos, que algo importante iria acontecer.

Na segunda-feira correram rumores pela comunidade muçulmana local. Falou-se à boca miúda que iria haver um ataque dentro dos Estados Unidos. Alguns poucos aguardavam com entusiasmo o golpe contra os infiéis. A maioria, preocupada, temia que uma retaliação americana lhes custasse os empregos. Mas ninguém avisou à polícia.

Em Newark, Ziad Jarrah pôs a carta para Aysel no correio, junto com alguns objetos pessoais. Se algum tipo de imprevisto acontecesse, e o desfecho da Operação Aviões fosse adiado, ela, ao receber o pacote, poderia deduzir que um ataque fora planejado.

Mas, até aquele momento, Aysel Senguen não tinha motivos para desconfiar de nada. Cinco fusos horários a leste do noivo, internada em um hospital alemão, ela dormia profundamente, ajudada por um sedativo. Fora operada das amígdalas naquela segunda-feira e iria passar a noite no hospital.

Jarrah e seus três companheiros jantaram no Priscilla's, restaurante italiano do próprio Hotel Marriott. Quem porventura viu, à mesa, Ahmed al Nami, com seu rosto inocente de menino, Saeed al Ghamdi, nariz arrebitado e orelhas de gnomo, Ahmad al Haznawi, bigodinho preto, cicatriz no alto da testa e fisionomia sinistra, e Ziad Jarrah, com seu par de óculos de armação fina e aparência de intelectual, não teve como adivinhar que aquele grupo de jovens, fazendo silenciosamente sua última refeição, se preparava, talvez sem ter plena consciência disso, para pôr fim a uma era e inaugurar outra.

No quartel do 1º Batalhão do Corpo de Bombeiros, em Lower Manhattan, os irmãos Naudet, que rodavam o documentário sobre o novato Tony Benetatos, foram desafiados a fazer o jantar dos homens de plantão.

Gedeon e Jules optaram por assar um pernil de cordeiro. Sendo eles franceses, os bombeiros se sentaram à mesa cheios de expectativas. Mas os Naudet eram cineastas, e não chefs. O prato saiu intragável.

Do outro lado do Hudson, em Nova Jersey, o empresário e jogador de rúgbi Mark Bingham se divertiu a valer na casa de seu amigo

Matt Hall. Parecia ter esquecido que iria pegar um vôo muito cedo, de Newark para São Francisco. Bingham bebeu todas, já com saudades de suas férias nova-iorquinas.

Hospedados no Comfort Inn, em South Portland, na margem sul do rio Fore, Mohamed Atta e Abdulaziz al Omari puderam ver a noite magnífica, com a lua em quarto minguante e nenhuma nuvem no céu.

Os dois saíram para dar uma volta. Sacaram dinheiro num caixa eletrônico — onde uma câmera de segurança registrou a imagem de Omari, com Atta ao fundo —, compraram artigos de toalete numa loja do Wal Mart e jantaram no Pizza Hut.

De volta ao hotel, Atta e Omari nem tentaram dormir nas poucas horas que os separavam da saída para o Portland International Jetport. Sabiam que isso seria impossível naquela noite absolutamente extraordinária. Depois de encher a banheira, Atta deitou-se na água morna e iniciou o ritual de purificação dos mártires. Perfumou-se. Raspou os excessos de pêlo do corpo.

Em dois hotéis da Grande Boston, os outros oito jihadistas que iriam embarcar no aeroporto Logan também fizeram sua mentalização para o ataque.

"Visualize a batalha antes de entrar nela", dizia o manual da al-Qaeda.

A Operação Aviões, imaginada por Abdul Murad e Ramzi Yousef, dirigida por Khaled Sheik Mohamed, sob liderança de Osama bin Laden, o *Samaritano*, vencera inúmeros obstáculos, muitos deles conseqüentes de trapalhadas de seus próprios integrantes. Restava a parte mais difícil e importante: o ataque.

Naquela noite de 10 para 11 de setembro de 2001, milhares de pessoas foram dormir na Costa Leste americana sem ter a menor noção de que, no dia seguinte, um holocausto iria atingi-las. Enquanto isso, os 19 predadores da al-Qaeda aguardavam, de olhos abertos, o momento de cumprir seu destino.

Uma câmera de vigilância do aeroporto de Portland registrou a passagem de Mohamed Atta, antes de embarcar no vôo da American Air Lines.

Amanhecer na Costa Leste

Onze de setembro de 2001, quatro da manhã. Ainda é noite escura quando Louis Mariani, aposentado, 59 anos, e sua mulher, Ellen, saem de casa em Derry, New Hampshire, com destino a Boston, 60 quilômetros ao sul. Pegam a interestadual 93 e, dez minutos depois, cruzam a divisa com o estado de Massachusetts.

Gina, filha de Ellen, enteada de Louis, vai se casar no sábado, dia 15, em Los Angeles. No início, apenas Ellen iria à festa. Ela comprou, com antecedência, um bilhete promocional num vôo com escala em Chicago. Louis, que não gosta de voar, decidiu ir em cima da hora. Como não encontrou mais lugares com desconto no avião de Ellen, ele fez reserva no UAL175. Para sua alegria, conseguiu um preço ainda mais barato do que o dela.

O vôo de Ellen Mariani sairá do aeroporto Logan, em Boston, às seis da manhã. O 175, de Louis, às oito, do mesmo local. Como ela fará escala, os dois chegarão a Los Angeles praticamente na mesma hora.

Do Comfort Inn, em South Portland (onde Mohamed Atta e Abdulaziz al Omari passaram a noite), até o Portland International Jetport, são apenas 5 quilômetros. Ao volante do Nissan azul e prata, Atta os percorre em minutos. Eles deixam o carro no estacionamento do aeroporto e pegam as bagagens no porta-malas. Mas, no interior do

Nissan, ficam diversos documentos de Atta, assim como um exemplar do manual de operações da al-Qaeda.

Os dois se apresentam ao check-in no balcão da US Airways e exibem seus bilhetes para Los Angeles, cuja primeira perna é o vôo 5930, da Colgan Air (subsidiária da US), entre Portland e o Aeroporto Internacional Logan, em Boston, onde haverá a conexão com o vôo 11 da American. Michael Tuohey, funcionário que os atende no Jetport, diz que a bagagem não poderá ser despachada diretamente para Los Angeles. Eles terão de retirá-la no Logan, onde haverá novo check-in. Atta demonstra irritação com o transtorno inesperado, mas nada pode fazer.

Minutos mais tarde, os dois árabes submetem suas pastas executivas ao exame na esteira de raios X. Atta veste uma camisa azul anil, Omari, uma pêssego, ambas de mangas compridas. Uma câmera de segurança registra a passagem deles pelo local às 5h45min13s.

Embora as pastas contenham estiletes fragmentáveis, eles medem menos do que os 11 centímetros permitidos, pois só as últimas seções de lâminas foram mantidas. Atta e Omari são liberados sem contratempos.

Tendo nos braços duas caixas grandes, contendo presentes para os netos, Louis Mariani se despede de Ellen no aeroporto Logan. Esperam se encontrar, dali a oito horas e 15 minutos, em Los Angeles.

— Eu chegarei lá logo depois de você — ele a beija em despedida.

Antes de passar pelo portão de embarque ela se volta e o vê pela última vez.

São seis horas da manhã em Portland. Com Mohamed Atta e Abdulaziz al Omari a bordo, o Colgan Air 5930 inicia o vôo de meia hora até Boston.

São seis horas da manhã em Sarasota, Flórida. Ainda está escuro quando o presidente George W. Bush, acompanhado de três agentes do serviço secreto, e assistido por um grupo de repórteres e cinegrafistas, dá início à sua corrida matinal na pista de jogging do Colony Beach, onde passou a noite. Bush acena para os jornalistas.

O dia já clareou. A bordo do vôo 5930, a meio caminho entre Portland e Boston, Mohamed Atta vê que o tempo está magnífico. O sol está para nascer, sobre o Atlântico, do lado esquerdo da aeronave.

Como fica numa longitude 530 quilômetros a oeste, embora no mesmo fuso horário da costa da Nova Inglaterra, em Washington D.C. ainda é noite. Apenas uma risca horizontal avermelhada, mais parecendo um letreiro de néon esmaecido, pode ser vista nos lados da Baía Chesapeake. Nawaf al Hazmi pára seu Toyota no estacionamento do aeroporto Dulles. Com ele está Khalid al Mihdhar, o desertor arrependido. Descem do carro. Hazmi usa calça e camisa em tom berrante de azul. Mihdhar, jeans e camisa branca. Uma carta não remetida, para Mustafá al Hawsawi, agente da al-Qaeda nos Emirados Árabes Unidos, é deixada no veículo. A Base faz questão de ir imprimindo suas pegadas.

Às 6h45, George Bush encerra sua corrida. Fotógrafos e cinegrafistas colhem imagens do presidente, ofegante, bebendo água mineral do gargalo de uma garrafa.

Quase ao mesmo tempo, o vôo 5930, com Atta e Omari, aterrissa no Logan. No aeroporto, já estão Marwan al Shehhi, Fayez Banihammad, Mohand al Shehri, Ahmed al Ghamdi e Hamza al Ghamdi, destacados para o vôo UAL175, que sairá do Terminal C. Os três companheiros de Atta e Omari no vôo 11, Waleed al Shehri, seu irmão Wail e Satam al Suqami estão no Terminal B, onde a American opera seus vôos domésticos. Os dez homens conduzem estiletes ou pequenos canivetes. Alguns levam também tubos de gás Mace (de pimenta).

Ruth Magdaline McCourt, 45, e Paige Farley-Hackel, 46, são melhores amigas, praticamente irmãs. Paige é madrinha de Juliana, 4, filha de Ruth. Estão levando a menina para conhecer a Disneylândia. Só que, para aproveitar melhor seus respectivos programas de milhagem, Ruth e Juliana irão no vôo 175, da United Airlines. Paige, no AAL11. Por isso, se despedem antes de irem para seus respectivos terminais. Como o vôo 11 sai 15 minutos antes, Paige diz que esperará as duas no aeroporto de Los Angeles.

Juliana tem cachos louros. Sua mãe, longos cabelos ruivos. Paige faz palestras motivacionais, tem um programa de rádio e um grande sonho na vida: comparecer, na qualidade de entrevistada, ao programa de Oprah Winfrey.

No setor de segurança do Terminal B, o nome de Mohamed Atta é selecionado pelo sistema computadorizado de vigilância de passageiros, CAPPS, cuja função é separar eventuais suspeitos, gente que possa representar algum tipo de ameaça ao vôo. Isso significa que a mala de Atta, sem que ele seja notificado disso, só será posta no porão da aeronave após a confirmação de seu embarque.

Desde a explosão de um 747 da Pan Am sobre a cidade de Lockerbie, na Escócia, alguns dias antes do Natal de 1988 — com a morte de 270 pessoas —, as companhias aéreas temem que algum passageiro, tal como naquela ocasião, possa despachar uma bomba-relógio e depois não embarcar.

Da verdadeira ameaça que Atta representa, ninguém desconfia. O estilete que o egípcio leva em sua pasta de mão passa incólume pela esteira de raios X, tal como acontecera em Portland.

No Terminal C, embora esteja de posse de um celular, Marwan al Shehhi usa um telefone público para chamar Atta, no B. Os dois se falam às 6h45. A conversa dura nove minutos. Entre outras coisas, devem ter confirmado a passagem dos dez homens pelo setor de segurança e Atta dado o sinal verde para o início da Operação Aviões.

Em Newark, Nova Jersey, Ziad Jarrah, Saeed al Ghamdi, Ahmad al Haznawi e Ahmed al Nami, designados para o vôo UAL93, já deixaram o Marriott. O checkout foi feito por Jarrah, que pagou, em dinheiro, a conta do hotel. Um microônibus os levou pelo pequeno trajeto até o Terminal A. No caminho, puderam ver, ao longe, do outro lado do Hudson, as Torres Gêmeas do World Trade Center.

Piloto e comandos fazem o check-in no balcão de atendimento da primeira classe da United. Pouco depois, tal como acontecera com Atta em Boston, o nome de Haznawi é selecionado pelo CAPPS. Suas malas, postas de lado, aguardam a confirmação do embarque do dono. Mas os canivetes e estiletes dos homens da al-Qaeda passam sem problemas pelo posto de segurança.

A caminho da saleta de embarque, Ziad Jarrah pára num telefone público. Liga para Aysel Senguen, na Alemanha, onde já é início da tarde. Ela continua no hospital, recuperando-se da operação na garganta.

— Eu te amo — ele diz.

— Onde é que você está? — ela fala com dificuldade, por causa da cirurgia.

— Eu te amo — Ziad repete, e desliga.

Enquanto Ziad Jarrah telefona para Aysel, próxima a ele, Lauren Grandcolas, executiva de marketing de 38 anos, liga, do celular, para San Rafael, na Califórnia. Ela está regressando do funeral de sua avó.

Retardatária contumaz, desta vez Lauren chegou cedo ao aeroporto. Tão cedo que a United lhe ofereceu antecipar sua reserva, do vôo das 9h20, o UAL91, para o UAL93, às 8h.

Como são quatro da manhã na Costa Oeste, Jack, marido de Lauren, dorme profundamente. Não ouve a chamada e a ligação cai na secretária eletrônica.

— Vou pegar o vôo das 8h. Chego aí às 11h15 — ela grava seu recado. A viagem costa a costa dura seis horas e 15 minutos, mas, voando no mesmo sentido da trajetória do sol, os vôos leste-oeste ganham as três horas de diferença de fuso horário.

Enquanto fala, Lauren, que está grávida de três meses de seu primeiro filho, gestação desejada há muitos anos, chega ao portão de embarque 17, do vôo 93.

Tom Burnett, de San Ramon, Califórnia, marido de Deena, também chegou cedo ao aeroporto, com reserva marcada para o vôo 91. E, tal como Lauren Grandcolas, antecipou seu embarque para as oito horas. Há uma semana fora de casa, Tom está louco para ver Deena, as gêmeas Halley e Madison e a caçula Anna Clare.

Para Mark Rothenberg, 52, passageiro da primeira classe do UAL93, a viagem Newark/São Francisco é apenas a primeira etapa de um longo vôo para Taiwan. Rothenberg viaja o mundo todo fazendo negócios para sua empresa. Ele acaba de chegar à sala de embarque, onde já estão diversos passageiros, entre eles Liz Wainio, gerente do Discovery, Jeremy Glick — que, para não embarcar no Kennedy, ficara mais uma noite nas montanhas Catskill — e Andy Garcia.

Garcia, 62, serviu na Guarda Nacional, tirou brevê de piloto em 1992 e já foi controlador de tráfego aéreo. Está casado há 32 anos com Dorothy. Eles moram em Portola Valley, na Califórnia, e têm uma neta.

Na ala oeste do saguão principal do aeroporto Dulles, em Washington, Hani Hanjour, Majed Moqed e Salem al Hazmi, todos destacados para o AAL77, depois de serem submetidos aos procedimentos de rotina, seguem para o portão de embarque, onde encontram Nawaf al Hazmi e Khalid al Mihdhar.

Os nomes de três dos cinco seqüestradores, Hanjour, Mihdhar e Moqed, foram selecionados pelo CAPPS. Suas bagagens despachadas são postas à parte. Já Salem al Hazmi, que não fala uma palavra de inglês, e não traz consigo nenhum documento com foto, sofreu uma inspeção especial, com um detector portátil de metais. Mas o estilete em sua maleta de mão, com duas seções afiadas de lâminas, passou, sem incidentes, pela inspeção dos raios X.

As câmeras da empresa Argenbright, contratada pela American Airlines para fazer segurança em aeroportos, registram as fotos dos cinco kamikazes do vôo 77. Com exceção de Nawaf al Hazmi, com seu azul espalhafatoso, todos vestem roupas esporte discretas.

O simples fato de se deslocar de casa para o trabalho já é um ato de heroísmo na vida de Ed Beyea. Ele é tetraplégico há vinte anos, desde que quebrou o pescoço num acidente de mergulho.

Em Nova York, são sete e meia da manhã. Beyea sai de seu apartamento, em Roosevelt Island, no meio do East River, entre Midtown Manhattan e o Queens. Em sua cadeira de rodas eletrônica, de última geração, da qual depende até para respirar, ele segue, sozinho, para a estação de metrô da ilha, cujo acesso é adaptado para deficientes físicos, por causa de um hospital de reabilitação próximo.

Irma Fuller, assistente de Ed na Empire Blue Cross and Blue Shield, irá aguardá-lo na saída do metrô no World Trade Center e acompanhá-lo até os escritórios da empresa, no 27º andar da Torre Norte.

Em Nova Jersey, Mark Bingham, que passou a noite na farra, acorda tarde, com muita ressaca, e perde a hora de seu vôo para São Francisco. Agora, ele e seu amigo Matt Hall voam pela estrada. Bingham quer ver se chega a tempo de pegar o vôo seguinte, o UAL93.

No Terminal C do aeroporto Logan, em Boston, a United anuncia o embarque do vôo 175. Marwan al Shehhi e seus companheiros dirigem-se à entrada da loading bridge (ponte de embarque — corredor móvel, telescópico, articulado) que liga o Boeing 767 ao terminal.

Em outro 767, só que da American Airlines, estacionado junto ao portão 32 do Terminal B, o comandante John Ogonowski, 52 anos, do vôo 11, tem à sua direita o co-piloto Thomas McGuinness, 42. As portas do avião já estão fechadas; a ponta da loading bridge, recolhida. Ogonowski autoriza o *pushback*, operação através da qual a aeronave, empurrada por um trator acoplado à sua bequilha (trem de pouso menor, na maioria dos aviões localizado na dianteira), se afasta de marcha a ré em direção ao centro do pátio de manobras.

Na cabine de passageiros do AAL11, Mohamed Atta, Waleed e Wail al Shehri, Satam al Suqami e Abdulaziz al Omari estão quietos em seus assentos. Os irmãos Shehri ocupam as poltronas 1A e 1B, na primeira fila da primeira classe, as mais próximas da *galley* e da cabine de comando. Atta, na ala central da segunda fila da executiva, está num assento ao lado do corredor esquerdo. Omari, na fila seguinte, ocupa a poltrona G, corredor da direita. Suqami senta-se na poltrona B da quarta fila da executiva, duas atrás de Atta e uma atrás de Omari.

Posicionado no meio do grupo, à frente de Suqami, ao lado de Omari e uma fila atrás de Atta, está Daniel C. Lewin, 31, residente em Charlestown, Massachusetts. Casado, dois filhos, ele é empresário e tem dupla nacionalidade: israelense e americana. Nascido em Denver, Colorado, Lewin foi criado em Jerusalém, onde serviu durante anos na Sayeret Matkal, unidade de elite do Exército de Israel, especializada em contraterrorismo, notabilizada por abortar diversos seqüestros aéreos.

DECOLAGEM NA PISTA 25

Se um vôo é marcado para as 7h45, caso do AAL11, isso significa que, nesse horário, o avião deve ser desatrelado da loading bridge, dando início ao *pushback*. Só que, no vôo 11, isso aconteceu às 7h40, cinco minutos antes do previsto.

— American 11, pronto para taxiar para a cabeceira da 25 — com o jato já desconectado do trator, o co-piloto McGuinness fala com um controlador da torre do Logan.

Com o braço direito esticado, e a mão semi-espalmada para baixo, em forma de garra, o comandante Ogonowski empurra os manetes de aceleração um pouco à frente, elevando o ritmo do giro das turbinas. A pesada aeronave começa a se mover através do labirinto de *taxiways* que a levará do terminal até a cabeceira. Ogonowski usa o nariz do Boeing como alça de mira para manter as duas rodas da bequilha exatamente sobre a risca central da pista de taxiamento.

O comandante é casado há 17 anos. Sua mulher chama-se Peggy. Eles têm três filhos e moram numa fazenda de 150 acres, em Dracut, Massachusetts, 40 quilômetros ao norte de Boston. Ogonowski foi da Força Aérea e lutou no Vietnã. Voa na American Airlines desde 1979. Thomas McGuinness, seu co-piloto, mora em Portsmouth, cidade costeira de New Hampshire, 85 quilômetros distante do Logan.

Enquanto o 767 taxia para a 25, nas cabines de primeira, executiva e econômica as nove comissárias dão início às demonstrações dos procedimentos de segurança para os 81 passageiros. Entre elas, Bobbi Arestegui, 38, Betty Ong, 45, Kay Martin, 40, e Amy Sweeney, 35.

Seiscentos e cinqüenta quilômetros a sudoeste do Logan, no Aeroporto Internacional Dulles, em Washington D.C., os 58 passageiros do vôo 77 da American Airlines entram numa das ultramodernas salas de embarque que se movimentam sobre rodas e pneus, únicas do tipo no mundo. Ela os levará de uma sala de espera na ala oeste até o avião, um Boeing 757 com apenas duas classes: primeira e econômica.

Cinco minutos depois, a sala móvel se acopla à porta dianteira do 757. Os passageiros entram no avião. Entre eles, os cinco sauditas. Hani Hanjour e os irmãos Hazmi (Nawaf e Salem) vão para a primeira classe. Os outros dois, Majed Moqed e Khalid al Mihdhar, ocupam as poltronas 12A e 12B, na classe econômica. Ao adquirir os bilhetes, e escolher os assentos de cada um, Hazmi, vice-líder dos 19 kamikazes, levou em conta o fato de que, se os cinco se agrupassem na primeira, onde, naquela versão de 757, só cabiam 12 passageiros, poderiam chamar muita atenção.

Barbara Olson, comentarista política e mulher do procurador-geral Ted Olson, após tomar o café-da-manhã com o marido aniversariante, na casa deles em Great Falls, Virgínia, a 25 quilômetros do Dulles, foi a última pessoa a fazer o check-in do vôo 77 no balcão da American.

Faltam 25 minutos para a abertura das primeiras bolsas no mercado financeiro americano. Na sala de operações da Euro Brokers, no 84º andar da Torre Norte do World Trade Center, o trabalho do corretor (e bombeiro voluntário do andar) Brian Clark já é intenso. Ele tem de estudar os *pre-openings* (estimativas de abertura dos mercados), as previsões sobre as estatísticas econômicas que serão divulgadas pelo governo americano naquela manhã e trocar idéias sobre esses dados com colegas e clientes.

Na véspera, após ter chegado da Itália, e se encontrado na estrada com a mãe, que lhes devolveu os meninos David e Drew, Lisa Beamer veio com o marido, Todd, para casa, em Cranbury. Brincaram um pouco com os filhos, distribuíram os presentes comprados na viagem, inclusive uma miniatura da estátua de Davi, de Michelangelo, comprada em Florença, jantaram e puseram os garotos para dormir. Enquanto o *workaholic* Todd ligava o laptop, para atualizar seu correio eletrônico, Lisa desmaiou na cama. Seu relógio biológico marcava três da manhã (horário de Roma).

Às 5h45 de terça-feira, soou o despertador. Quase como um autômato, Todd desligou rápido o alarme e saiu de mansinho da cama, mas não conseguiu impedir que Lisa — com seu sono leve de mãe de criança pequena — acordasse. Ela entreabriu os olhos. Então puxou as cobertas para cima do rosto. Tentou voltar a dormir, lamentando o fim do *dolce far niente* e o reinício de sua dura rotina de dona de casa. Permaneceu em estado semiletárgico por algum tempo. Pôde ouvir as passadas do marido descendo os degraus de madeira da escada.

7h30. Na sala de espera anexa ao portão 17 do Aeroporto Internacional de Newark, alguns passageiros aguardam a chamada de embarque do vôo 93, da United, para São Francisco. Entre eles, Todd Beamer, marido de Lisa, e Tom Burnett, cuja mulher, Deena, e três filhas dormem a sono solto em San Ramon, Califórnia, onde são 4h30 da madrugada.

Donald F. Greene, outro passageiro do UAL93, além de piloto é vice-presidente da Safe Flight Instrument, empresa fabricante de aparelhos de vôo de alta precisão. Poucas pessoas conhecem tão bem o funcionamento dos instrumentos da cabine de um jato quanto Greene.

Dos quatro suicidas da al-Qaeda, Ahmad al Haznawi é o primeiro a chegar à sala de embarque. Pouco depois, surge Ziad Jarrah. Não fala com Haznawi nem senta-se perto dele. Saeed al Ghamdi, que entra em seguida, assume a mesma atitude. Ahmed al Nami é o último. Isola-se em um canto.

São 7h45 quando uma voz feminina anuncia pelo sistema de alto-falantes:

— United Airlines, vôo 93 para São Francisco, agora embarcando no portão 17.

Os passageiros se levantam, kamikazes e vítimas misturados, e encaminham-se para o pequeno balcão junto à entrada da loading bridge. Entregam seus talões de embarque a uma funcionária de terra da United, entram no corredor em declive, caminham 22 metros, fazem uma curva para a esquerda e caem na porta dianteira do avião, em cujo interior a tripulação os aguarda.

Na cabine de pilotagem do Boeing, o comandante Jason Dahl, 43 anos, e seu co-piloto Leroy Homer, 36, percorrem os itens de uma minuciosa lista de verificações (checklist) pré-vôo. Homer, que tem às mãos um cartão plastificado, recita a lista. Dahl, sentado na poltrona da esquerda, confere o item mencionado. Entre eles há um console com diversos botões, interruptores e pequenas alavancas.

Os dois nunca voaram juntos. Aliás, acabaram de se conhecer. Dahl conseguiu um remanejamento na escala de vôo para poder estar com sua mulher, Sandy, comissária da própria United, em Denver, na sexta-feira, dia 14, quando completarão cinco anos de casados. A data será comemorada com um jantar.

A chefe de equipe Debbie Welsh, de 49 anos, moradora da cidade de Nova York, também trocou com uma colega para pegar o vôo 93. Ela agora recebe os passageiros junto à porta. São apenas 38, para cinco comissárias, e Debbie antecipa um vôo com pouquíssimo trabalho.

Mark Bingham, o fortão defensor do San Francisco Fog's, tendo já perdido seu primeiro vôo àquela manhã, chega a Newark em cima da hora. Seu amigo Matt Hall, em cuja casa passara a noite, o deixa na entrada do Terminal A. Mark consegue fazer o check-in e se submeter à inspeção de segurança. Agora surge na boca de saída da loading bridge no momento em que Debbie vai fechar a porta da aeronave. Ela finge uma expressão de censura e confere o talão de embarque de Bingham, que está ofegante da corrida.

Aeroporto Internacional Logan, Boston. A equipe de seqüestro do UAL175 também já embarcou. Marwan al Shehhi, líder do grupo, está sentado numa poltrona de corredor na classe executiva. Mohand al Shehri e Fayez Banihammad sentam-se respectivamente nas poltronas 2A e 2B da primeira. Ahmed al Ghamdi e Hamza al Ghamdi, que não são irmãos, estão na penúltima fila da executiva, atrás de Shehhi.

Sussurrando em seu celular, Marwan al Shehhi conversa com Mohamed Atta. Este encontra-se no AAL11, a 500 metros de distância, se movendo em direção à cabeceira. O egípcio está sentado logo à frente do israelense Daniel Lewin. Shehhi e Atta falam durante um minuto.

Às 7h48 inicia-se o *pushback* do 175. Começa a viagem de férias de Peter Hanson, de sua mulher Sue Jue Kim-Hanson e da filha do casal, Christine, de 2 anos. Esta, tal como Juliana, de 4, também a bordo, com sua mãe Ruth McCourt, vai conhecer a Disneylândia. Paige Farley-Hackel, amiga de Ruth e madrinha de Juliana, está perto dali, taxiando no vôo 11 com Mohamed Atta.

Na cabine de comando do UAL175, o comandante Victor Saracini, 51, e o co-piloto Mike Horrocks, 38, acompanham atentos a marcha a ré do *pushback*. Através de um intercomunicador, Saracini fala com um mecânico que, no solo, caminha ao lado da bequilha. Este usa um fone de ouvido.

Ex-piloto da Marinha, Saracini está na United Airlines há 16 anos. Horrocks, antes de entrar na empresa, voou no Corpo de Fuzileiros Navais. Ambos têm treinamento de combate corpo-a-corpo. Horrocks, um homem muito bonito, foi também jogador universitário de futebol americano.

Nas três classes do vôo 175, sete comissárias de bordo atendem os 56 passageiros, que representam menos de um terço da lotação do Boeing.

Depois de percorrer, em longos 19 minutos, num verdadeiro ziguezague, os 5 quilômetros de *taxiways*, o AAL11 está na posição 2 (penúltima parada antes da pista de decolagem), junto à cabeceira 25.

Na cabine de comando, Ogonowski e McGuinness estão atentos às instruções da torre do Logan.

— American 11, ventos variando de 100 a 120°, com dez nós. O.K. para posição 3 (cabeceira da pista). Livre decolagem — diz o controlador.

— American 11 — limita-se a responder McGuinness.

Ogonowski começa a se alinhar para a decolagem. Como a cabine de comando está bem à frente das rodas do trem de pouso, ele espera que o nariz passe uns 7 metros além da linha tracejada no centro da pista, antes de usar o *steering wheel* (pequeno volante direcional das rodas da bequilha) e o pedal de freio da direita, para fazer o Boeing girar 90° para esse lado.

Já no eixo da pista, Ogonowski liga o *auto throttle* (acelerador automático). Pressiona os manetes um terço à frente, para estabilizar o giro das turbinas. Tal como determinam os manuais de pilotagem, o co-piloto McGuinness põe sua mão esquerda junto à mão direita do comandante. Se este sofrer um ataque cardíaco, ou outro mal súbito, o co-piloto assumirá, instantaneamente, o controle da aceleração. Ogonowski aumenta a pressão sobre os manetes.

Com o empuxo de mais de 60 mil libras gerado pelas duas enormes turbinas, o 767 se lança para a frente. Agora a manutenção da reta é controlada pela parte inferior dos pedais, correspondente ao leme de direção. Ogonowski e McGuinness (que só acompanha os movimentos do comandante) usam as pontas dos pés e mantêm os calcanhares no chão. Isso evita uma freada acidental. Aos poucos, o Boeing torna-se um bólido. A faixa tracejada no meio da pista vem ao encontro da cabine, velozmente, como na tela de um videogame.

O vôo 11 gasta pouco mais de trinta segundos para sair do chão. São 7h59 da manhã de terça-feira, 11 de setembro.

Enquanto as rodas do trem de pouso são recolhidas, o AAL11 sobrevoa a enseada interior da Baía de Boston, cruza diagonalmente a ponte da auto-estrada de Massachusetts (Massachusetts Turnpike) e passa no través sul do bairro chinês (Chinatown). Na cabine de comando, McGuinness muda a freqüência de seu rádio, saindo da torre do Logan e entrando no Centro Boston.

— Centro Boston, bom-dia. American 11 com você, subindo de 190 (19 mil pés) para 230 (23 mil).

— Positivo — responde Pete Zalewski, um dos controladores do Centro. — Suba e mantenha o nível 280.

— Dois oito zero, American 11 — confirma o co-piloto.

Pura rotina.

AMERICAN 11, ESTÁ ME OUVINDO?

Os 19 homens da al-Qaeda, com suas facas e estiletes, já iludiram os sistemas de segurança de três dos maiores aeroportos da Costa Leste: Logan, Dulles e Newark. Doze dos terroristas tiveram seus nomes selecionados pelo CAPPS — controle automático de passageiros. As bagagens que despacharam foram retidas até que embarcassem. Agora, todos estão liberados, quietos em seus assentos, a bordo dos vôos 11, 175, 77 e 93.

Às 8h19, no Aeroporto Internacional Dulles, em Washington, o AAL77 inicia o *pushback*. No *cockpit* do Boeing 757, o comandante Charles F. Burlingame, 51 anos, e seu co-piloto David Charlebois, 39, acompanham a operação. Lá atrás, os comissários (três mulheres e um homem) atendem os 58 passageiros, entre estes o piloto saudita Hani Hanjour, sentado na primeira fila da primeira classe, próximo à *galley* (cozinha de bordo) dianteira, onde a aeromoça Renee A. May, 39, dá início aos preparativos do café-da-manhã que será servido logo após a decolagem.

No aeroporto de Newark, o UAL93, um Boeing 757-222, prefixo N591UA, embora já com as portas fechadas, continua parado junto à ponte de embarque do portão 17 do Terminal A. O incêndio ocorrido na véspera obstruiu uma das pistas de taxiamento, congestionando as demais. O *pushback* do vôo 93 ainda não foi autorizado pela torre. Embora sem mencionar o incêndio, o comandante Jason Dahl fala aos passageiros sobre o contratempo.

— Senhoras e senhores, pedimos desculpas pelo atraso. Estamos aguardando permissão para taxiar até a cabeceira. Infelizmente, há outros vôos à nossa frente. — Dahl é um piloto experiente. Trabalha na United há mais de 17 anos.

Sandy Bradshaw, 38, uma das comissárias de serviço na classe econômica, adora seu trabalho. Ela e o marido, Phil, piloto da US Airways, gostam de viajar, de conhecer o mundo. Estão casados há 11 anos e têm dois filhos, uma menina de 3 anos e um bebê de 11 meses.

Uma das colegas de Sandy na econômica é CeeCee Lyles. Negra, 33, CeeCee é uma guerreira, tendo sido mãe solteira duas vezes, com filhos de pais diferentes. Jerome, o mais velho, tem agora 16. Jevon, 6. Antes de entrar para a United, no final de 2000, CeeCee foi, durante seis anos, detetive da polícia de Fort Myers, na Flórida, onde conheceu Lorne, também policial. Casaram-se em maio daquele ano. Lorne, que trouxe seus dois filhos para o casamento, continua na polícia.

O passageiro Jeremy Glick, campeão de judô, duro na queda, que já quebrou braços de oponentes em suas lutas, está com saudades de Emmy. Gostaria de tê-la no colo, como em todos os dias desde o nascimento da menina, dois meses antes.

Apesar da baixíssima taxa de ocupação do vôo 93 — 38 passageiros em 182 lugares — a primeira classe está bem cheia. Em seus 12 assentos, além dos quatro seqüestradores, estão Mark Rothenberg, que vai para Taiwan, numa poltrona de janela, Tom Burnett, de San Ramon, marido de Deena, e, à sua direita, do outro lado do corredor, Mark Bingham.

Bingham é muito conhecido em Castro Street, coração gay de São Francisco, talvez porque não faça o estereótipo do bairro. Um metro e 94 de altura, 90 quilos de peso, fã de heavy metal, o truculento beque do time de rúgbi do San Francisco Fog's já sofreu, durante as partidas da equipe, fraturas e outras contusões sérias, que lhe deixaram diversas cicatrizes no corpo.

Enquanto o UAL93 continua parado junto ao terminal, em vez de descansar das poucas horas de sono e do vôo transatlântico da véspera,

Todd Beamer trabalha no laptop. Em sua casa, 60 quilômetros a nordeste do aeroporto, Lisa, sua mulher, já se levantou. Desceu para o térreo, onde agora faz a lista do supermercado. Mas logo David e Drew surgem nas escadas. Ela troca as fraldas do menor e põe os dois para comer cereais com leite, sentados nos tamboretes do balcão da copa.

Em Boston, o vôo UAL175, cuja hora marcada de decolagem é a mesma do vôo 93, está taxiando para a cabeceira da pista 14 do Logan. Sentado em sua poltrona na classe econômica, o passageiro Louis Mariani não se sente nem um pouco à vontade. Definitivamente, voar não é a sua praia. Tem medo.

Talvez tivesse sido melhor pegar o mesmo vôo de Ellen, mesmo pagando um pouco mais. Naquele momento, ela voa para Chicago, escala de seu vôo para Los Angeles. Louis não vê a hora de encontrá-la novamente.

Embora os pontos de partida (Boston) e de destino (Los Angeles) do UAL175 sejam os mesmos do vôo AAL11, que decolou 15 minutos antes, a torre do Logan envia o 175 para a pista 14. Isso tem como vantagem um percurso de taxiamento menor (do Terminal C até a cabeceira da 14), mas como inconveniente o fato de que o vôo da United decolará em sentido quase oposto ao da rota para Los Angeles.

Exatamente às 8h14 da manhã, as rodas do UAL175 descolam da pista 14. O trem de pouso é recolhido, enquanto a aeronave, subindo num ângulo de 15°, inicia uma curva de 180° para a direita, sobre a Baía de Massachusetts. Depois, sempre ganhando altura, passa pelo través sul de Castle Island e entra no continente sobre South Boston.

O American Airlines 11 está 100 quilômetros a oeste de Boston, bem no centro geográfico do estado de Massachusetts. Em sua poltrona na classe executiva, às costas do israelense Daniel Lewin, e duas filas atrás do líder Mohamed Atta, o jovem saudita Satam al Suqami, moreno quase negro, cabelos curtos, pega sua valise debaixo da poltrona e a põe no colo. Abre-a, apalpa o interior até achar um estilete, embrulhado num lenço de papel. Desliza dois dos segmentos de lâmina para fora do invólucro de plástico da arma. Fecha a maleta, mas a mantém no colo.

Logo após a decolagem, uma das comissárias fecha a cortina divisória entre a primeira classe e a executiva. Com isso, Mohamed Atta perde contato visual com os irmãos Waleed e Wail al Shehri, sentados lá na frente. Como fez diversos vôos de observação, entre as costas Leste e Oeste americanas, Atta já esperava o procedimento.

Sem ter a menor razão para suspeitar da teia sinistra armada ao seu redor, é possível que Paige Farley-Hackel, passageira do AAL11, esteja neste momento pensando em sua amiga Ruth Magdaline McCourt, que viaja com a filha Juliana (afilhada de Paige) a bordo do UAL175. As três deverão se reencontrar, dali a algumas horas, em Los Angeles.

8h10. No Centro Boston, em Nashua, New Hampshire, Peter Zalewski, controlador encarregado do vôo 11, dá instruções à aeronave:

— American 11, suba e mantenha nível 290 (29.000 pés ou 8.800 metros).

— Positivo, nível dois nove zero, American 11 — acusa Thomas McGuinness, co-piloto do AAL11.

— American 11, observe tráfico às duas horas, distância 20 milhas, voando para sudoeste. É um MD80. — Para facilitar a localização do outro avião pelos pilotos do vôo 11, Zalewski se vale da posição do marcador de um relógio imaginário, procedimento inventado pela RAF durante a Segunda Guerra Mundial. Duas horas significa que o MD80 está um pouco à direita (uns 20°) do nariz do 767.

McGuinness e seu comandante, John Ogonowski, olham na direção indicada pelo Centro. Vêem uma pequena flecha prateada, brilhando ao sol e deixando atrás de si uma esteira dupla de condensação.

— American 11, positivo — acusa McGuinness.

— Vire 20º à direita — ordena o controlador Zalewski, para não correr o menor risco de haver uma rota de colisão entre as duas aeronaves.

— Vinte graus à direita — McGuinness responde, enquanto Ogonowski inicia a curva.

— American 11, suba e mantenha nível 350 — instrui Zalewski.

— Subir e manter 350 — a resposta do co-piloto é mecânica.

É também sua última mensagem.

— American 11, Boston. — Depois de alguns minutos de silêncio, Peter Zalewski volta a chamar o vôo 11. — American 11, Boston — Zalewski repete.

Nenhuma resposta.

— American 11, Boston. American 11, Boston.

Nada.

— American 11, está me ouvindo? American 11, está me ouvindo?

São 8h14min23s. Zalewski tenta se manter calmo.

— American Airlines vôo 11, Boston.

8h14min33s.

— American um, um, está me ouvindo?

Zalewski verifica se não é sua transmissão que está com problemas.

— Algum outro American na freqüência, como você me ouve?

A resposta não se faz esperar.

— Alto e claro. Alto e claro. — São dois os que atendem ao chamado do Centro.

Zalewski conclui que, se há problemas, estes são com o vôo 11.

— American 11, está me ouvindo? — O controlador faz nova tentativa.

Um minuto e meio antes, no vôo 11, a porta do *cockpit* fora aberta, para que o café-da-manhã pudesse ser servido aos pilotos. Waleed e Wail al Shehri, que só esperavam por isso, puseram bandanas vermelhas na testa e se levantaram de suas poltronas na primeira fila, estiletes nas mãos. Atacaram as comissárias da primeira classe, Bobbi Arestegui e Kay Martin.

Tal como aprenderam, matando camelos e carneiros nos campos da al-Qaeda no Afeganistão, e ouvindo palestras de Khaled Sheik Mohamed (KSM) em Karachi, os irmãos Shehri sabiam exatamente o que fazer.

Os estiletes deslizaram pelos pescoços das moças.

"Golpeie acima, na parte alta, sob as orelhas", dizia o manual da al-Qaeda. "Cause o mínimo de dor ao animal, durante o sacrifício."

Mesmo que fossem treinados para reagir a um ataque ao *cockpit* (o que não é o caso), as chances do comandante Ogonowski e de seu co-piloto McGuinness de enfrentar, com êxito, homens armados de facas são quase nulas. Irônica ou tragicamente, na cabine há armas mais poderosas do que as dos atacantes: um machado (para quebrar o pára-brisa e as janelas em caso de acidente) e um extintor de incêndio que lança gás a 100 graus negativos.

Entalados em seus casulos, com a alavanca do manche e os pedais à frente, a lateral da cabine num dos lados, o console de botões e interruptores do outro, manietados pelos cintos de segurança, até para uma simples ida ao banheiro os pilotos precisam fazer algum contorcionismo, esgueirando as pernas por uma fresta, entre a poltrona e o console, de um palmo de largura. Quanto mais soltar os cintos, erguer-se, virar-se e lutar com invasores.

Ogonowski e McGuinness revelam-se presas ainda mais fáceis do que as comissárias. Os estiletes são passados em seus pescoços, de trás para a frente, começando por baixo dos ouvidos, rompendo tecidos e vasos, cortando a laringe, a traquéia e rasgando as cordas vocais.

Em sua poltrona na classe executiva, do outro lado da cortina, Mohamed Atta não precisa ver as moças esguichando sangue, nem escutar seu gorgolejo de agonia, para saber que o ataque está começando. Basta ouvir os gritos de pânico vindos lá da frente.

Atta levanta-se, com calma, para assumir o comando do Boeing. Só que, na fila atrás dele, ocupando a poltrona de corredor da ala esquerda, o israelense Daniel Lewin ergue-se também.

Com sua longa experiência em contraterrorismo, no Exército de Israel, provavelmente Lewin teria sido páreo para Atta. Se tivesse posto o egípcio fora de combate, o AAL11, mesmo que nunca chegasse a aterrissar em um aeroporto, também jamais chegaria à Torre Norte do World Trade Center. Pois, após a morte de Ogonowski e McGuinness, só Mohamed Atta poderia pilotar o Boeing.

Daniel Lewin só não contou com Satam al Suqami, que o atacou pelas costas e rasgou seu pescoço com um estilete, liquidando-o.

Trajetória do vôo AAL11

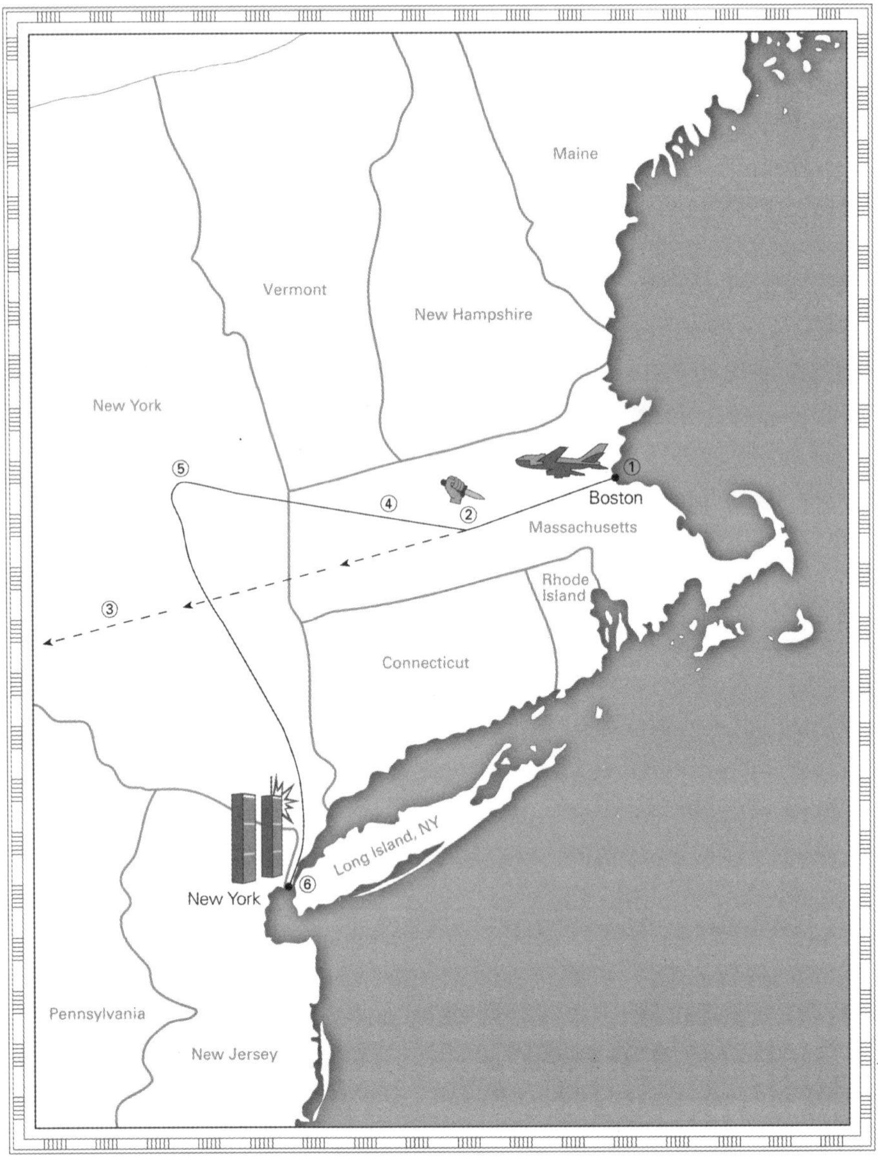

1. Aeroporto Logan, Boston, decolagem às 7h59
2. Seqüestro do avião, entre 8h13 e 8h14
3. Rota que deveria ser seguida para chegar a Los Angeles
4. Mohamed Atta desliga o transponder*, impedindo a localização exata da aeronave pelos centros de controle*
5. Início do vôo para Nova York, em Hudson Falls, às 8h20
6. Choque contra a Torre Norte do WTC, às 8h46min40s

Nós temos "aviões"

Depois de passar pela *galley* dianteira, onde as duas comissárias feridas, Bobbi Arestegui e Kay Martin, estão no chão, Mohamed Atta e Abdulaziz al Omari chegam ao *cockpit* do AAL11. Os irmãos Al Shehri já terminaram a chacina. Sangue esparramado por todos os lados: no painel de instrumentos, nos comandos, nos interruptores, nas poltronas e no console central.

Com os pescoços rasgados, o comandante John Ogonowski e seu co-piloto Thomas McGuinness estão mortos, ou morrendo. Os seqüestradores retiram seus corpos, por sobre o console, e os lançam para trás do *jump seat* (banco de observação, dobrável, situado pouco atrás dos assentos de pilotagem).

Na primeira classe e na executiva, Satam al Suqami, que matou o israelense Daniel Lewin, afugenta os passageiros em direção à classe econômica, ameaçando-os com uma falsa bomba, um tubo com uma faixa alaranjada, e usando um spray para espalhar gás Mace de pimenta pelas filas de assentos da parte frontal da aeronave. Suqami protege o rosto com um lenço. Só depois de liberar bastante gás ele se reúne aos quatro companheiros na cabine de comando.

Atta já está sentado na poltrona da esquerda. No início, toma cuidado para não esbarrar em nada. Jamais pilotou um 767 antes, nem mesmo em simuladores. Mas conhece os detalhes da disposição interna do *cockpit*, estudados no site oficial da Boeing na Internet.

O piloto automático permanece ativado. Antes do ataque, o comandante Ogonowski, orientado pelo Centro Boston, programou a aeronave para subir até 35 mil pés. E é isso que está acontecendo. Nos dois horizontes artificiais, um em cada lado do painel, uma barra móvel branca, sobre fundo marrom (terra) e azul (céu), indica que o Boeing está subindo.

Atta apóia levemente a mão esquerda, trêmula e insegura, no manche. Este, obedecendo aos comandos do piloto automático, se move com suavidade para os lados, para a frente e para trás. Com o polegar esquerdo, o egípcio tateia um botão. Sabe do que se trata. No momento em que pressioná-lo, o Boeing 767 estará por sua conta e risco.

Mohamed Atta aperta o botão. Uma buzina de alarme soa estridentemente, mostrando que o sistema automático foi desativado. Mas basta apertar de novo que o alarme cessa. É isso que Atta faz. Aprendeu o procedimento durante suas aulas em escolas de aviação.

O 767 é uma aeronave projetada para voar automaticamente, não o potro selvagem que Atta acaba de libertar. Torna-se difícil manter as velocidades horizontal e vertical e, ao mesmo tempo, uma proa fixa. O Boeing ziguezagueia, corcoveia, enquanto o egípcio dá e tira potência, vendo o nariz correr, para a direita e para a esquerda, na linha do horizonte. Felizmente, para Atta, o vôo 11 não precisa ser suave. Basta fazê-lo chegar até a cidade de Nova York e lançá-lo ao encontro da Torre Norte do World Trade Center.

Aos poucos, de modo precário, o piloto-seqüestrador vai aprendendo. E começa a se preocupar com a navegação. Examina atentamente o solo lá embaixo.

Enquanto Atta procurava se entender com os comandos, o avião se desviou, de sua rota original, uns 45° para a direita. Deslocou-se até a volta abrupta do rio Hudson, em Hudson Falls, que o egípcio conhecia de seus estudos de cartas aeronáuticas. Agora basta fazer uma curva fechada, de 135°, para a esquerda, e seguir o leito do rio até o destino: ilha de Manhattan.

Antes de retornar para leste, Atta havia acionado um interruptor no console à sua direita, desligando o *transponder*.

Após ter perdido o canal de comunicação com o vôo 11, em Nashua o Centro Boston agora vê sumir de suas telas o sinal do *transponder* emitido pela aeronave. O controlador Pete Zalewski dá conta do fato ao seu supervisor. Zalewski suspeita de algum tipo de pane, não de um seqüestro.

Seiscentos e trinta quilômetros a sudoeste de Nashua, outro vôo da American Airlines, o AAL77, um Boeing 757, tendo a bordo seis tripulantes e 58 passageiros, entre estes o saudita Hani Hanjour e seus quatro companheiros, decolou, há um minuto, da pista 30 do Aeroporto Internacional Dulles, com o mesmo destino do AAL11: Los Angeles. Em procedimento de subida, o vôo 77 segue para oeste, sobrevoando a Virgínia.

Às 8h20, a torre de controle do Dulles ordena ao AAL77:

— American 77, vire à esquerda e siga o rumo dois sete zero.

— Dois sete zero, American 77 — confirma o co-piloto David Charlebois.

Subindo para 11 mil pés, o AAL77 começa a se afastar da cidade de Washington, onde o destino lhe marcou um encontro sinistro, dali a uma hora e 17 minutos, no complexo do Pentágono, com centenas de pessoas, entre elas a família Marshall: pai, em Crystal City, mãe, na ala oeste, e dois filhos, na creche.

Solucionado seu problema de navegação e, mais ou menos, o de pilotagem, Mohamed Atta resolve se comunicar com "seus" passageiros. Só que, em vez de apertar o botão do PA (*passenger addresser*) no microfone, ele se confunde e aperta outro.

— Nós temos alguns aviões — diz. — Fiquem quietos e tudo estará bem.

A fala de Atta, que se trai e usa "aviões", é enviada para fora, ouvida e gravada pelo Centro Boston. As aeronaves que se encontram na área também a escutam. Mas ninguém percebe o plural.

São 8h34. Atta continua:

— Ninguém se mova, por favor. Estamos voltando para o aeroporto. Não tentem fazer movimentos estúpidos.

Agora Boston já sabe, ou suspeita fortemente, que o AAL11 foi seqüestrado. A informação é passada para o quartel-general da FAA, em Washington. Este, por sua vez, informa o NEADS (Centro de Defesa Aérea do Nordeste).

Como não podia deixar de ser, o esfaqueamento de duas aeromoças e do israelense (ninguém sabe nada sobre os pilotos) aterroriza os passageiros e comissários do vôo 11, agora acuados nas últimas filas da classe econômica.

Quatro ou cinco minutos após o ataque, a comissária Betty Ong, fazendo das tripas coração, e usando um *airphone*, entra em contato com o Centro de Reservas da Região Sudeste, da American Airlines, localizado na cidade de Cary, na Carolina do Norte. Betty é atendida por uma funcionária, Vanessa Minter, que passa a chamada para um colega, Winston Sadler. Este aciona um gravador.

— Meu nome é Betty Ong — a aeromoça procura fazer um resumo rápido do que está acontecendo. — Sou a número 3 na econômica. O *cockpit* não está respondendo. Alguém foi esfaqueado na executiva. Jogaram gás Mace. É impossível respirar lá. Não sei, acho que estamos sendo seqüestrados.

O burocrata pede calmamente:

— Você pode descrever a pessoa... essa que foi atacada na executiva?

— Estou sentada bem mais atrás — Betty esclarece, conseguindo manter o sangue-frio. — Uma colega foi ver o que aconteceu. Ela está voltando. Espere um pouco.

Depois de alguns segundos, Betty Ong retoma a ligação:

— Nossa número 1 foi esfaqueada. A chefe de equipe também. Ninguém sabe quem fez isso. E não dá pra ir lá pra frente, por causa do gás.

Percebendo a gravidade do fato, Sadler transfere a chamada para sua supervisora, Nydia Gonzalez. Esta liga para Craig Marquis, responsável de serviço no Centro de Operações da American Airlines em Fort Worth, Texas. Nydia passa a falar com Betty e Marquis ao mesmo tempo. Este, por sua vez, pede a um despachante da American para tentar um contato com o *cockpit* do AAL11, tentativa que se revela inútil.

Enquanto Betty Ong fala com a supervisora Gonzalez, sua colega da econômica Amy Sweeney passa as mesmas informações para Michael Woodward, do Serviço de Vôo da American Airlines, no aeroporto Logan, em Boston.

8h27. Cary, na Carolina do Norte, Fort Worth, no Texas, o Logan, em Boston, o quartel-general da FAA, em Washington, o Centro Boston, em Nashua, além de diversas aeronaves em vôo sobre a região Nordeste já sabem do seqüestro do AAL11. Mas ninguém se lembra de enviar um alerta geral para todas as companhias aéreas e para os diversos centros e torres de controle espalhados pelo país, uma vez que a hipótese de múltiplo seqüestro não é cogitada.

E, no entanto, a bordo do UAL175 (cruzando a ponta noroeste do estado de Connecticut) e do AAL77 (que se aproxima da Virgínia do Oeste) dez kamikazes da al-Qaeda estão prontos para entrar em ação. Um quarto vôo, o UAL93, com Ziad Jarrah e seus três comandos sentados na primeira classe, após 27 minutos de atraso inicia o *pushback* no Aeroporto Internacional de Newark.

Na classe econômica do vôo 93, o piloto privado e ex-controlador de tráfego aéreo Andy Garcia está voltando de uma viagem de negócios. Ele agora é dono de uma empresa de representações. Uma de suas filhas, Kelly, é apaixonada por aviação, tal como o pai. Antes, eles costumavam passear em aeroportos, para ver os jatos decolando e pousando. E é isso que Garcia vê da janela do UAL93.

Os dias de férias na Europa de Liz Wainio, também sentada na econômica, ficaram para trás. Ela agora segue para a reunião de trabalho do Discovery Channel, em São Francisco.

Ao lado de Liz, está Lauren Grandcolas, grávida de três meses, que conseguiu pegar um vôo mais cedo para casa. Ela trabalha no setor de venda de anúncios da revista *Good Housekeeping*.

Enquanto no vôo 11 Mohamed Atta desce o rio Hudson, os funcionários da American Airlines, Nydia Gonzales, na Carolina do Norte, e Craig Marquis, no Texas, já descobriram os nomes, inconfundivelmente árabes, dos cinco seqüestradores. Isso graças à comissária Betty Ong, que, após examinar o manifesto (lista de passageiros indicando o assento de cada um) de bordo, lhes passou os números das poltronas ocupadas por eles antes do ataque.

Marquis se apressa em informar o FBI. Mas a medida não surte efeito prático algum, pois não ocorre a ninguém verificar nomes árabes em outros vôos daquela manhã. E vários desses nomes estão na lista de suspeitos (*watchlist*) do CAPPS (sistema computadorizado de vigilância de passageiros).

Como o American 11 já fez seu retorno para o litoral, e o 175, que decolou do Logan 15 minutos depois, prossegue no rumo oeste, as duas aeronaves agora se encontram próximas, uma da outra, no leste do estado de Nova York. Suas rotas atuais são perpendiculares e convergentes. O UAL175 acaba de atingir seu nível de cruzeiro: 31 mil pés (9.500 metros).

Tal como aconteceu no AAL11, no vôo 175 apenas dois dos terroristas, Fayez Banihammad e Mohand al Shehri, viajam na primeira classe. Marwan al Shehhi, que irá pilotar o avião, e seu companheiro

Hamza al Ghamdi estão em assentos da frente na executiva. Ahmad al Haznawi, sentado na poltrona 9D, também na executiva, cobre a retaguarda. Enquanto os comissários de bordo servem o café-da-manhã, Al Shehhi deve estar exultante ao ver que, lá fora, o tempo continua magnífico. Sabe que seus dois companheiros, na primeira, aguardam apenas que a porta do *cockpit* seja aberta para iniciar o ataque.

Na ilha de Manhattan, o tetraplégico Ed Beyea chega ao World Trade Center. Sua assistente, Irma Fuller, o recebe na saída da estação de Fulton Street, do metrô. Assim como faz todos os dias, Irma leva Beyea até o 27º andar da Torre Norte.

Já na mesa de trabalho de Ed, Irma ajusta, na cabeça do colega, um dispositivo que permite a ele digitar, com uma vareta presa em uma haste curva fixada na testa, o teclado do computador. O telefone ao lado da mesa aceita comandos de voz para completar as ligações.

Além da imobilidade, Ed Beyea sofre de dores o tempo todo, aliviadas com sedativos.

Depois de ajeitar Beyea, e de lhe passar um copo d'água e o primeiro comprimido do dia, Irma sobe para a lanchonete do 43º andar.

Patricia Massari, que também trabalha na Torre Norte, só que 71 andares acima de Beyea, também desembarca em Fulton Street. No subsolo do WTC, ela compra, numa *drugstore* (misto de lanchonete e farmácia), um lanche, para comer no escritório, e um kit de teste de gravidez. Patricia sobe para a Marsh & McLennan, empresa onde é analista financeira.

O sonho de Chris Young, 33 anos, é ser cantor e ator. Mas, enquanto não consegue deslanchar uma carreira no showbiz, ele se conforma em trabalhar, como mensageiro, na mesma Marsh & McLennan, só que um andar acima de Patricia. Ele acaba de chegar ao escritório, trazendo uma apresentação de Power Point. Aguarda que testem o material, antes de descer para executar outra tarefa.

Um pouco antes das 8h30, Joseph Pfeifer, chefe do 1º Batalhão do Corpo de Bombeiros de Nova York, sai do quartel, acompanhando alguns de seus homens que irão verificar um possível vazamento de gás em um bueiro. O cinegrafista francês Jules Naudet vai junto com o chefe, para filmar o serviço.

Mil e quinhentos quilômetros a sudoeste de Manhattan, em Sarasota, Flórida, a comitiva de George W. Bush deixa o Colony Beach Resort em direção à Escola Elementar Emma E. Booker, onde o presidente vai dar a aula sobre leitura.

Bush, assim como as principais autoridades do país, não faz a menor idéia de que um Boeing 767 da American Airlines foi seqüestrado em seu vôo de Boston para Los Angeles, tendo alguns de seus ocupantes sido esfaqueados pelos seqüestradores.

8h36. A bordo do vôo 11, Mohamed Atta deve ter cometido alguma barbeiragem, pois as comissárias Amy Sweeney, falando com Boston, e Betty Ong, com a Carolina do Norte, informam, apavoradas, que o avião deu uma queda brusca de asa. E agora perde altura rapidamente.

Neste momento, o AAL11 entra no espaço aéreo controlado pelo Centro de Controle de Vôo (ARTCC) de Nova York, em Ronkonkoma, Long Island. Os movimentos súbitos e não convencionais do 767 permitem que os controladores John Hartling e Dave Bottoglia identifiquem o *blip* primário do avião em suas telas de radar. Mas Hartling continua sem acreditar em seqüestro.

— Isso não acontece mais neste país — ele afirma, convicto, ao colega.

8h37. Em Nashua, o Centro Boston, que também vê o *blip* se movendo erraticamente, quer ter certeza de que se trata do AAL11. Resolve apelar para outra aeronave. E escolhe justamente o vôo 175, da United, que se encontra próximo da movimentação suspeita.

— Vocês, por acaso — pergunta Nashua —, estão vendo um 767 da American? Perdemos contato com ele há 17 minutos. Mas temos um sinal primário de radar, 45° à direita de vocês, a uns 15 quilômetros.

No *cockpit* do 175, Saracini e Horrocks olham na direção indicada e vêem o avião.

— Ele está a uns 28, 29 mil pés. Vem na direção sul. Vai cruzar por baixo da gente — informa Horrocks.

— Afastem-se dele, afastem-se dele — Boston instrui de bate-pronto.

Não ocorre a Boston, muito menos aos pilotos do UAL175, que este poderá sofrer o mesmo destino do vôo 11. Isso por muito pouco tempo. A porta do *cockpit* se abre e surgem dois estranhos, bandanas vermelhas na testa, armados de pequenas facas.

Para perplexidade das pessoas que assistiam ao incêndio na Torre Norte, um segundo avião se aproxima do World Trade Center.

O BAILARINO DA TORRE NORTE

Tal como aconteceu com seus colegas do AAL11, o comandante Victor Saracini, do vôo 175, e seu co-piloto Michael Horrocks são abatidos, sem nenhuma chance de defesa, pelos suicidas da al-Qaeda Fayez Banihammad e Mohand al Shehri. Segundos depois, Marwan al Shehhi chega ao cockpit para assumir os controles do avião.

Os dois seqüestradores restantes, Ahmed al Ghamdi e Hamza al Ghamdi, executam o planejado. Exibem uma falsa bomba aos passageiros da primeira classe e da executiva, assim como aos comissários de bordo. Misturando palavras em árabe com uma algaravia que supõem ser inglês, e gesticulando muito, obrigam todos a se mover para a classe econômica.

Cento e dez quilômetros ao sul do UAL175, no Aeroporto Internacional de Newark, o vôo 93 da United Airlines, após ter se atrasado por mais de meia hora, decola para São Francisco. O comandante Jason Dahl e seu co-piloto Leroy Homer não estão sabendo do seqüestro do AAL11, ocorrido há meia hora, muito menos têm razões para desconfiar de quatro passageiros, todos árabes — Ziad Jarrah e seus comandos —, sentados na primeira classe do Boeing, poucos metros atrás do *cockpit.*

Jarrah, por sinal, não pára de olhar para seu relógio, aflito com o atraso. Tudo foi planejado de modo que os ataques aconteçam simultaneamente. O Capitólio, seu alvo, poderá ter sido evacuado se o vôo 93 chegar lá muito depois de as Torres Gêmeas e o Pentágono terem sido atingidos.

Nos últimos tempos, Ziad Jarrah se preparou com critério e determinação. Além de seus treinamentos de pilotagem, ele estudou longamente, em seu apartamento na Flórida, uma foto ampliada do *cockpit* de um Boeing 757. Em Dania Beach, ao norte de Miami, ele teve, no mês de maio, aulas de lutas marciais com Bert Rodriguez, instrutor de agentes do FBI. E, para não ter problemas em sua navegação até o Capitólio, Jarrah se familiarizou com o funcionamento do aparelho de GPS que traz agora numa valise de mão.

Talvez Ziad Jarrah esteja pensando em sua noiva, a turca Aysel Senguen. Como ela receberá, na Alemanha, a notícia de sua morte? Que sentirá ao ler a carta que ele lhe enviou na véspera?

Próxima a Ziad Jarrah, sentada em um tamborete retrátil junto à porta dianteira da aeronave, a chefe de equipe do vôo 93, Debbie Welsh, fala pelo PA:

— Senhoras e senhores, daqui a pouco será iniciado o serviço de bordo. Depois, exibiremos um filme.

Sendo piloto, e dos mais meticulosos, o passageiro Donald Greene presta atenção ao vôo de subida do Boeing. Greene está indo para Lake Tahoe, na divisa da Califórnia com Nevada, para praticar *mountain bike* com três de seus 12 irmãos, meios-irmãos e irmãos por afinidade.

No vôo 175, após se entender com os controles do *cockpit*, Marwan al Shehhi faz um desvio para a esquerda, alterando em 45° a direção sul/sudoeste determinada pelo comandante Saracini. Logo depois, o 175 cruza a divisa dos estados de Nova York e Nova Jersey.

Quatrocentos e sessenta quilômetros a sudoeste do 175, o vôo 77 da American Airlines, com o mesmo destino, Los Angeles, atinge seu nível de cruzeiro: 35 mil pés (10.650 metros). As comissárias servem o café-da-manhã.

Alertados pela FAA sobre o provável seqüestro do AAL11, a Força Aérea começa a tomar as primeiras providências. Na Base Otis, em Massachusetts, dois caças F-15, Eagles, pilotados pelo major Nash e pelo tenente-coronel Duffy, estão preparados para decolagem e interceptação do vôo 11. O problema é que o oficial que os supervisiona não faz idéia da localização do jato de passageiros. Passa a pressionar o NEADS, em Rome, querendo informações.

— Preciso de um rumo. Preciso de um maldito rumo — agonia-se o oficial.

No entanto, como Mohamed Atta desligou o *transponder* do American 11, o NEADS não consegue localizá-lo apenas pelo sinal primário de radar. E os F-15 continuam aguardando, parados, no solo.

Nenhuma das autoridades militares envolvidas sabe que, do AAL11, as comissárias Amy Sweeney e Betty Ong continuam em contato permanente com funcionários da American Airlines.

8h44. Há 25 minutos, Betty Ong passa informações a respeito do vôo para Nydia Gonzalez, em Cary, na Carolina do Norte, que, por sua vez, mantém uma linha aberta com Craig Marquis, em Fort Worth, Texas.

— Bom trabalho, Betty — Nydia procura incentivar a comissária.

Mas o AAL11 já mergulha sobre Manhattan. Betty Ong se limita a dizer:

— Reze por nós. Reze por nós. — Depois silencia.

Nydia Gonzalez se assusta.

— Betty, o que está acontecendo? Fale comigo, Betty. Você ainda está aí?

Nydia volta a falar com Marquis.

— Acho que nós a perdemos.

Cerca de 17 mil pessoas estão no complexo do World Trade Center quando, às 8h46min40s, o vôo 11 da American Airlines, pilotado por Mohamed Atta, se choca, a 790 km/h, contra a Torre Norte, atingindo-a diretamente desde o 93º até o 99º andar.

Minutos depois, as linhas telefônicas do Serviço de Emergência 911 encontram-se inundadas com pedidos de socorro. A maioria das pessoas que ligam ouve uma mensagem automática, informando que todos os circuitos estão ocupados. E os poucos que são atendidos se deparam com operadores que nada sabem do que aconteceu nas torres. Cada um dá uma instrução diferente.

— Fique onde está!

— Abandone o prédio!

— Quebre a janela, para entrar ar fresco!

— Não quebre a janela, para não entrar fumaça.

Milhares de litros de combustível de aviação (um tipo de querosene conhecido como *jet fuel*), em chamas, descem pelos poços dos elevadores. O fogo explode portas, se expande por corredores e saguões. As três escadas se tornam intransitáveis do 92º andar para cima. Sem contar as pessoas que morreram instantaneamente na zona de impacto, outras centenas não sobreviverão ao calor, ao fogo e à fumaça.

Logo, para terror da multidão que começa a se reunir nas ruas de Lower Manhattan, muita gente, acuada pelo fogo, começa a pular dos andares do topo.

— Merda! Meu Deus! Não! — cada um lamenta, pragueja ou chora à sua maneira. Muitos correm para longe. Outros tantos, para perto.

Lá em cima, setecentos dos mil funcionários da empresa financeira Cantor Fitzgerald, que ocupa do 101º ao 105º andar da torre, estão em suas salas. No 106º e 107º, o restaurante panorâmico Windows on the World, além de seus 73 empregados, acolhe mais de cem clientes, alguns, freqüentadores habituais, outros, participando de encontros de negócios no café-da-manhã.

Tanto na financeira quanto no restaurante, ninguém sobreviverá.

Dois minutos após o choque do AAL11 contra a Torre Norte, o AAL77, 100 quilômetros a leste de Charleston, na Virgínia do Oeste, em sua rota para Los Angeles, se comunica com o Centro de Controle de Indianápolis. O co-piloto David Charlebois pede para mudar o nível de cruzeiro.

Esta será sua última chamada.

Às 8h56min53s, Indianápolis tenta falar com o vôo 77, para um aviso de rotina, mas não recebe resposta.

— American 77, aqui Indianápolis, você está na escuta? — São 8h57min12s.

Nada.

— American 77, aqui Indianápolis. Você está na escuta? — 8h57min28s.

Nada.

O AAL77 torna-se o terceiro vôo a ser seqüestrado. A bordo do Boeing 757, Charlebois e o comandante Charles Burlingame têm o mesmo destino dos pilotos do AAL11 e UAL175.

Em Ronkonkoma, os controladores do Centro Nova York continuam, sem sucesso, tentando estabelecer contato com o UAL175, que parou de enviar sinais do *transponder*.

Às 8h44, o piloto do vôo 583 da United Airlines, voando do Reagan National, em Washington, para Denver, Colorado, havia informado a um controlador ter recebido um sinal de ELT (transmissor de localização de emergência) do vôo 175. Um minuto mais tarde, outra aeronave reportou a mesma coisa.

— Pegamos aquele ELT. Muito fraco, mas pegamos.

Tudo indica que os sinais foram pedidos de socorro dos pilotos do 175, antes de serem mortos.

O paradeiro do UAL175 só é descoberto, pelos blips primários, por um controlador de torre de um dos aeroportos de Nova York, quando sobrevoa a costa de Nova Jersey, já se aproximando do estuário do rio Hudson.

Numa das poltronas da classe econômica do 175, Peter Hanson, falando ao telefone com seu pai, em Easton, Connecticut, narra tudo que acontece a bordo, desde o momento do seqüestro. Outro passageiro, Brian Sweeney, 38, de Barnstable, Massachusetts, primeiro deixa recado na secretária eletrônica da mulher e depois fala pessoalmente com sua mãe, dizendo as mesmas coisas. Um mecânico do Centro de Manutenção da United Airlines, em São Francisco, recebe uma mensagem de uma comissária, cujo nome ele não entende, do UAL175. Ela diz que os pilotos tinham sido mortos e uma colega aeromoça, esfaqueada.

Os telefonemas de Hanson, de Sweeney e da comissária anônima registram para os órgãos de investigação, e para a história do 11 de setembro, os acontecimentos do vôo United 175.

Os dois F-15 da Força Aérea por fim decolam da Base Otis. Sua missão, interceptar o vôo 11, é impossível. Este já se chocou contra a Torre Norte do WTC. Sem saber para onde ir, os caças se dirigem à região costeira de Long Island, onde ficarão de sobreaviso.

Embora o AAL11 já tenha se desintegrado, o UAL175 desaparecido das telas de radar e jatos da Força Aérea decolado para fazer interceptações, o presidente Bush chega à Escola Emma Booker, em Sarasota, Flórida, sabendo apenas, pelo telefone da limusine, que um pequeno bimotor se chocou contra uma das torres do WTC.

O presidente não perde tempo em dar seu palpite.

— Deve ter sido um erro do piloto.

Só às 8h56, tendo já iniciado a sessão de leitura com as crianças, Bush recebe, num recado cochichado em seu ouvido pelo chefe de gabinete Andrew Card, a informação correta sobre o avião comercial que atingiu a torre.

Neste mesmo instante, os centros de controle de vôo da FAA sofrem mais um revés. Do *cockpit* do vôo AAL77, Hani Hanjour desliga o *transponder*, reduzindo o sinal do avião ao *blip* difícil de ser identificado.

9h00. Fort Worth, Texas. Quartel-general da American Airlines.

Um dos diretores executivos determina que todos os aviões da empresa, na região Nordeste, que ainda não decolaram, permaneçam no solo.

Aos poucos vai se formando a idéia de que os Estados Unidos possam estar sendo atacados por algum grupo terrorista. E ninguém faz a menor idéia do número de aeronaves envolvidas. Três, cinco, vinte, ninguém sabe.

Em seu gabinete na Casa Branca, o vice-presidente Dick Cheney senta-se para uma reunião quando um dos seus assessores entra rápido na sala e lhe diz para ligar a TV. A CNN transmite as primeiras imagens do incêndio. Uma coluna de fumaça negra sai do buraco aberto pelo AAL11 na Torre Norte.

— Por que diabos um avião vai bater logo no World Trade Center? — pragueja Cheney, ao ver, na tela do aparelho, o rombo na fachada do prédio.

No 27º andar da Torre Norte, assim que sentiu o escritório estremecer com o choque do vôo 11, e escutou as pessoas falando de uma explosão nos andares do topo, Abe Zelmanowitz lembrou-se de Ed Beyea, seu amigo tetraplégico, colega de empresa e de andar. Correu até ele. Encontrou-o em sua mesa, aturdido, ainda conectado aos equipamentos de digitação. Removeu os apetrechos.

— Calma — diz Abe. — Está tudo bem. Eu vou ficar com você até chegarem as equipes de socorro.

O próprio Abe, diabético, com 130 quilos de peso e sérios problemas renais, terá pouca utilidade na descida. Talvez precise de ajuda também.

Irma Fuller, assistente de Ed, desce correndo da lanchonete do 43º andar, onde tomava o café-da-manhã. No 27º, ela já encontra os dois amigos juntos. E é dispensada por eles.

— Desce lá embaixo e pede ajuda — diz Abe. — Explica a eles como está a situação aqui.

Serão necessários no mínimo uns quatro homens para levar Ed escadas abaixo. E terão de se afastar um pouco das escadas a cada andar, para não atrapalhar o trânsito de bombeiros subindo e sobreviventes descendo.

Abe Zelmanowitz liga para um irmão, Jack, que está em casa vendo o incêndio pela TV. Só então fica sabendo que um avião bateu acima deles. Logo depois, Ed, usando o celular de Abe, liga para sua mãe em Bath, no norte do estado de Nova York.

— Está tudo bem, mamãe. O Abe está aqui comigo — ele procura tranqüilizá-la.

Chris Young, o mensageiro da Marsh & McLennan que quer ser artista, desceu do 99º andar da Torre Norte para o saguão intermediário do 78º. Lá, pegou outro elevador para o térreo, onde estava quase chegando.

Pela primeira vez, desde que começou a trabalhar no Trade Center, Young se viu sozinho dentro de um dos enormes elevadores. Decidiu ensaiar alguns passos de dança. Enquanto cantava sua música favorita, *I, Don Quixote,* do musical *Man of la Mancha,* deu um salto de bailarino. Queria ver se, anulando o deslocamento, para baixo, do elevador, conseguia eliminar a gravidade e flutuar no ar, como numa nave espacial.

Imagine-se alguém que, no cubículo do toalete de um trem de passageiros em alta velocidade, após usar o vaso sanitário, puxe a alavanca de descarga. Nesse exato momento, lá na frente, na locomotiva, o maquinista enxerga um obstáculo na linha e aciona os freios de emergência. O trem sai arrastando as rodas pelos trilhos, trepidando em meio a um ruído ensurdecedor. A pessoa no toalete choca-se contra a parede, assustadíssima, certa de que puxou a alavanca errada e que seu gesto causou algum tipo de acidente.

Foi o que aconteceu com Chris Young. No instante em que seus pés bateram no piso do elevador, descendo do passe de balé, o American Airlines 11 chocou-se contra a torre, num ponto mais de 90 andares acima. O elevador deu um tranco e parou. Uma das luminárias despencou do teto. As luzes do painel piscaram. Young achou que tinha sido culpa sua.

Agora, o mensageiro/bailarino já está preso há 15 minutos. Tenta forçar as portas, mas não consegue abri-las. Às 9h01, ele consegue falar, pelo interfone, com um funcionário da Segurança. O homem promete que a ajuda vai chegar. Young nada fala sobre ter dado um salto. Nem o outro, sobre o avião que bateu no topo do prédio.

Um subdiretor administrativo da Torre Sul informa, pelo sistema de alto-falantes, que o incidente se restringe à Torre Norte. Aconselha as pessoas que estão abandonando seus escritórios a voltar para eles.

O operador de mercado e bombeiro voluntário Brian Clark nem pensa em descer. Ele está na Euro Brokers, 84º andar. Sua preocupação é acalmar os colegas.

Seis andares abaixo de Clark, Ed Emery, chefe do setor de Recursos Humanos do Fiduciary Trust, também está mais interessado nos outros do que em si próprio. Tendo descido do 97º para o lobby intermediário do 78º, de onde partem os expressos para o térreo, ele ajuda a multidão de pessoas que quer descer a se acomodar nos elevadores. A voz nos alto-falantes continua insistindo em que o incêndio é na torre ao lado.

Emery decide pelos indecisos:

— É melhor descer. Desce, desce.

Mas ele mesmo resolve subir, para ver se há mais gente nas salas da Fiduciary. Está preocupado principalmente com uma colega, Alayne Gentul, que acompanha um grupo de visitantes da Califórnia no 90º andar, onde a empresa tem parte de seus escritórios.

Também na Euro Brokers, Ron di Francesco mantém apenas um rabo de olho no movimento ao seu redor. Está interessado é na abertura dos mercados.

O mundo começa a saber da tragédia às 8h48, um minuto e vinte segundos após o choque do vôo 11 contra a Torre Norte. Nesse instante, a CNN leva ao ar seu primeiro boletim, dando a tragédia como notícia não confirmada.

São 5h48, em San Ramon, Califórnia. Deena Burnett está acordando. 8h48, em Cranbury, Nova Jersey. Lisa Beamer termina sua lista de supermercado. Mesmo horário nas montanhas Catskill. Lyz Glick cuida da filhinha Emmy. São 9h48 em São Paulo, 14h48 em Londres, 15h48 em Paris, 17h48 em Moscou. São 19h48 no Paquistão e Afeganistão. Num destes dois países, Osama bin Laden, escondido, aguarda, ansioso, o desfecho dos ataques à Cabeça da Serpente.

Em todo o planeta, as pessoas começam a telefonar para parentes e amigos.

— Liga a TV. Um avião bateu no World Trade Center.

A notícia se espalha pelos 24 fusos horários. Um telespectador em Pequim, onde são quase 10 horas da noite, sabe mais sobre a tragédia do que Ron di Francesco que, no 84º andar da Torre Sul, aguarda os mercados abrirem. Mas mesmo o homem de Pequim, assim como a maioria das centenas de milhões de pessoas que assistem ao incêndio, não entende quando outro avião se aproxima das Torres Gêmeas.

Um novo jato comercial, ali, simplesmente não faz sentido. Está totalmente fora do contexto. Muita gente pensa que se trata de uma recuperação de imagens do choque do AAL11 contra a Torre Norte, mesmo vendo, na tela, esta torre já em chamas. Outros, inclusive os narradores da TV, acham que se trata de uma ilusão, de um delírio ótico. As imagens televisionadas mostram o avião chegando, mas ninguém tem coragem de explicar, ou mesmo a capacidade de entender, do que se trata.

Pois bem, o delírio ótico se aproxima, em curva. Bate na Torre Sul, atingindo-a na extremidade leste da face sul.

A bordo do vôo 175, da United Airlines, a empresária Ruth Magdaline McCourt e sua filha Juliana, ao se esmagarem contra o Trade Center, voltam a se reunir, tal como Ruth combinara, com a amiga Paige Farley-Hackel, madrinha de Juliana. Paige morrera ali mesmo, 17 minutos antes, em meio às ferragens do AAL11 pulverizadas no encontro com as 170 mil toneladas da Torre Norte.

Pela tela da TV

Para não errar seu alvo, a Torre Sul do World Trade Center, Marwan al Shehhi precisa fazer, nos segundos finais do vôo UAL175, uma curva fechada (de 45º) para a esquerda. A ponta da asa (baixa) desse lado se choca contra o 78º andar. O nariz do avião atinge a parte leste da fachada sul, na altura do 81º. A extremidade da asa direita (alta) alcança o 83º. Destroços do prédio, misturados aos do Boeing e a centenas de galões de combustível incandescente, saem pela fachada leste da torre, formando uma enorme bola de fogo e fumaça.

No momento da colisão, os elevadores se encontram apinhados de gente que, apesar das recomendações em contrário do pessoal da Segurança, foge do edifício, assustada com o incêndio devastador ao lado. Nos seis andares atingidos pelo segundo ataque, muitos morrem imediatamente, ou sofrem ferimentos graves. Alguns elevadores transformam-se em verdadeiros fornos, torrando seus ocupantes.

Stanley Praimnath, o executivo do Banco Fuji que, antes, desceu ao lobby do térreo e voltou para o 81º andar, é um dos poucos a sobreviver na zona de impacto ou logo acima dela. Outro é Ron di Francesco, que permaneceu na plataforma de operações da Euro Brokers aguardando a abertura dos mercados. Agora a fumaça é tão densa que Francesco precisa tatear as paredes e os móveis para conseguir se localizar.

Ao contrário da Torre Norte, onde o AAL11, ao bater, criou uma linha divisória, no 93º andar, entre a sobrevivência e a morte, o 175, por não ter acertado o centro do alvo, deixa uma passagem precária, através dos andares em chamas, na escadaria A, uma das três do prédio.

Em seu gabinete, na Casa Branca, o vice-presidente Dick Cheney vê, perplexo, um segundo jato chocar-se contra o World Trade Center. Tanto ele como os agentes do Serviço Secreto de plantão na residência presidencial chegam à conclusão óbvia de que não se trata de um acidente. Nem Cheney nem os agentes sabem que um terceiro avião, o vôo 77 da American Airlines, foi seqüestrado. Por isso, no início, ninguém pensa na hipótese de a cidade de Washington estar correndo perigo.

No Centro de Boston, em Nashua, a gravação da fala de Mohamed Atta, na qual o egípcio usa a expressão “Nós temos aviões”, está sendo ouvida pela enésima vez. Então alguém percebe o plural. E a idéia de um ataque múltiplo ganha força.

Melodie, mulher de Leroy Homer, co-piloto do United Airlines 93, passou a maior parte da segunda-feira, dia 10, na cama, doente. E foi dormir cedo. Leroy ficou vendo televisão, atento a um eventual choro de Laurel, filha de 11 meses do casal, que dormia sozinha num dos quartos da casa.

Às 4h45 da manhã, o despertador soou. Melodie Homer mais tarde se recordaria vagamente de ter ouvido o alarme, assim como o barulho de Leroy tomando banho de chuveiro. Mas não iria se lembrar se ele lhe deu o habitual beijo de despedida.

Enquanto Melodie voltava a dormir, Leroy vestiu o uniforme de piloto da United: calça azul-escura, camisa branca, gravata azul e o paletó com dragonas de primeiro-oficial. Tirou da garagem seu Toyota 4-Runner, no qual fez o percurso de uma hora e 15 minutos, rumo nordeste, pela New Jersey Turnpike, até o Aeroporto Internacional de Newark.

Às 6h45, Leroy Homer se apresentou ao seu comandante, Jason Dahl, na sala de pilotos da United Airlines, no subsolo do Terminal A. Os dois fizeram o plano de vôo, viram os boletins meteorológicos da rota (céu limpo de costa a costa) e o manifesto de passageiros e de cargas. Conversaram, por telefone, com a sala de operações da United, em Chicago, onde discutiram, com o despachante de vôo Ed Ballinger, a quantidade de combustível nos tanques. O tempo de vôo até São Francisco foi estimado em cinco horas e dez minutos.

Completada a burocracia, os pilotos do vôo 93 foram para o andar de embarque, onde se dirigiram à loading bridge do portão 17. Depois do atraso no taxiamento, decolaram para São Francisco. Durante os primeiros 45 minutos de percurso, sem que Dahl e Homer fossem informados de nada, três aviões haviam sido seqüestrados e dois deles se chocado contra as Torres Gêmeas do WTC.

O comandante Jason Dahl, do UAL93, é apaixonadíssimo por sua mulher, Sandy, uma morena muito bonita, comissária de vôo da própria United. Eles moram em Denver, Colorado. A comemoração do aniversário de cinco anos de casamento, que acontecerá na sexta-feira, na prática já começou na véspera de seu vôo para a Costa Leste. Nesse dia, Jason a levou a uma agência de automóveis no Centro de Denver e lhe disse:

— Pode escolher o carro que você quiser.

Novas emoções a esperam. Na própria sexta, ela ganhará um piano de meia cauda e haverá um jantar surpresa com outros oito casais. No domingo, Sandy e Jason partirão para uma viagem de três dias a Londres.

Como o quartel-general da American Airlines, em Fort Worth, Texas, não consegue falar com o vôo 77, um dos diretores conclui, erradamente, que o avião que se chocou contra a Torre Sul do World Trade Center foi o próprio AAL77.

O controlador do Centro Indianápolis, encarregado do vôo, pensa diferente. Como o último sinal do *transponder* do American 77 ocorreu enquanto a aeronave se deslocava para oeste, ele perscruta o prolongamento da rota, nesse sentido, procurando um sinal primário de radar. Não encontrando nenhum *blip*, deduz que o avião caiu. Nada sabe a respeito dos outros dois seqüestros, nem dos ataques que acabaram de acontecer no WTC.

Indianápolis solicita ao Serviço de Busca e Salvamento da Base Aérea de Langley que procure o Boeing 757 provavelmente acidentado. Depois telefona para a Polícia Estadual da Virgínia do Oeste, querendo saber se eles receberam alguma notificação de queda de um jato comercial. A polícia interpreta a pergunta como sendo uma informação e a repassa adiante, como fato consumado. Isso, durante algum tempo, provoca alívio em Washington, onde os principais prédios públicos estão sendo evacuados.

Mas não em toda a Washington.

Em seu gabinete, no Departamento de Justiça, o procurador-geral Ted Olson conversou, ao telefone, com sua mulher, Barbara. Da cabine de passageiros do vôo 77, ela informou ao marido que o vôo foi seqüestrado por homens armados de canivetes e estiletes. Depois eles disseram, pelo sistema de som da aeronave, que estavam regressando a Washington, onde seriam feitas exigências às autoridades. Comissários e passageiros foram obrigados a ir para a parte de trás do avião.

Ted Olson, que via, à sua frente, na tela da CNN, as imagens das Torres Gêmeas em chamas, tinha consciência do risco que sua mulher corria. Criava coragem para dizer isso a ela, quando a ligação caiu.

Enquanto Barbara conversava com Ted, a comissária Renee May, que trabalhava na *galley* do AAL77 até o momento da invasão do cockpit, falou, através do celular, com sua mãe, Nancy, em Las Vegas. Contou os detalhes do seqüestro. Renee pediu à mãe que alertasse a American Airlines. Só então Fort Worth soube que o vôo 77 permanecia no ar. Não batera na Torre Sul, nem caíra na Virgínia do Oeste.

Por volta das 9h30, Barbara Olson consegue falar novamente com Ted. Ele relata o que acontece em Nova York.

Ela fica em silêncio por alguns segundos, enquanto absorve o impacto da notícia.

— Onde é que vocês estão? Dá pra ver pela janela? — Ted Olson pergunta à mulher.

— A gente está voando baixo, numa zona residencial — Barbara engole em seco. — Estou vendo algumas casas.

Nesse momento, o vôo 77 da American sobrevoa Fairfax City, na periferia de Washington, apenas 15 quilômetros ao sul de Great Falls, onde os Olson moram e onde tomaram café-da-manhã juntos duas horas e meia antes.

No *cockpit* do 757, o saudita Hani Hanjour dá início aos procedimentos de descida para iniciar sua grande volta, de quase 360°, antes de mergulhar sobre o Pentágono.

A ligação de Barbara com Ted volta a cair. E nunca mais será restabelecida.

Uma amiga telefona para Melodie Homer, em Marlton, contando a respeito das Torres Gêmeas. Imediatamente, Melodie liga a CNN.

— Dois aviões, com intervalo de 17 minutos, atingiram o World Trade Center — diz a voz, em off, de Carol Lin, uma das âncoras da emissora, enquanto a tela exibe imagens dos incêndios.

Melodie preocupa-se com o que possa estar acontecendo com o marido. Resolve ligar para a United Airlines. Tem de tentar várias vezes, pois as linhas da empresa encontram-se congestionadas e a ligação cai. Finalmente, consegue ser atendida por uma operadora. Identifica-se como mulher de Leroy Homer, primeiro-oficial do vôo 93. À frente de Melodie, na tela da TV Carol Lin dá mais explicações:

— Parece cada vez menos possível ter sido um acidente.

Na United Airlines, assim como nas demais empresas aéreas, há um sistema, conhecido por sua sigla, ACARS, através do qual é possível a troca de mensagens entre as aeronaves e as salas de operação no solo, via satélite. E é pelo ACARS que Melodie Homer quer saber se Leroy está bem. Fica aguardando um retorno da operadora.

Embora, neste instante, boa parte das aeronaves que sobrevoam os Estados Unidos já tenha sido informada dos atentados no World Trade Center, no vôo UAL93 o comandante Jason Dahl e seu co-piloto Leroy Homer ainda não sabem de nada.

Apesar dos milhares de vôos comerciais que cruzam os céus dos Estados Unidos a qualquer instante do dia ou da noite, não há, neste 11 de setembro de 2001, nenhum procedimento através do qual todos os vôos comerciais tenham condições de receber, ao mesmo tempo, ou com diferença de poucos minutos, um comunicado, uma notificação qualquer. Aliás, não há uma rotina estabelecida pela qual a FAA, a Força Aérea, o comando das Forças Armadas, a Casa Branca, o FBI, a CIA e o Serviço Secreto possam trocar informações urgentes e simultâneas. Os órgãos, assim como as empresas aéreas e os centros de controle de vôo, são estanques, egocêntricos. Ninguém fala com ninguém.

Nesta manhã, o único elo entre todos são as telas da TV, principalmente a da CNN. Através das emissoras, desde o presidente George W. Bush, em seu convescote escolar na Flórida, até Sophia Addo, negra, pobre, 36 anos, faxineira do Windows on the World, condenada à morte no 107º andar da Torre Norte, sabem o que está acontecendo.

Na cabine de comando do UAL93, há milhares de dólares em equipamentos de vôo de última geração: navegador inercial a laser, radar meteorológico, três sistemas de piloto automático, detector de colisão, computadores, rádios os mais diversos e sofisticados e muitos outros. Mas nenhum deles seria melhor do que um mísero aparelho preto-e-branco de TV, por meio do qual o comandante e o co-piloto pudessem tomar conhecimento dos ataques na Costa Leste.

Os três seqüestros aconteceram, respectivamente, há 65, 36 e 25 minutos, os choques contra as torres há 31 e 15 minutos, e o UAL93 prossegue mansamente em sua rota para São Francisco.

Chicago, 9h19 da manhã. Sala de operações da United Airlines.

Ed Ballinger, despachante operacional, tem, neste momento, sob sua responsabilidade, 16 vôos da empresa. Preocupado com o que está acontecendo, antes de enviar o recado de Melodie para Leroy ele resolve, por conta própria, informar seus pilotos sobre o risco de uma invasão do *cockpit*. Mas não tem como enviar 16 comunicados simultâneos. Seu sistema não permite. É preciso digitá-los um a um.

Preciosos minutos se passam até que a mensagem de Ballinger chega à cabine de comando do vôo 93. Surge numa tela do console central, logo atrás dos manetes. Os pilotos podem passá-la para o papel, numa pequena impressora, e quase sempre o fazem, pois um comunicado apaga da tela o anterior. Homer comanda a impressão, lê o papelote e, imediatamente, o passa para Dahl.

"Ed Ballinger — 9h21 — *Beware of cockpit invasion. Two a/c hit World Trade Center*" (Cuidado com invasão do *cockpit*. Duas aeronaves atingiram o World Trade Center).

Pasmo, Jason Dahl quer uma confirmação. Digita, ele mesmo, com a mão direita, no teclado logo abaixo da tela, de volta para o despachante:

"Ed, confirm last msg, plz — Jason" (Ed, confirme última mensagem, por favor, Jason).

Entra então, na tela do UAL93, a pergunta de Melodie:

"Ed Ballinger — 9h22 — *Leroy. Wife called. Are you okay? Please respond*" (Leroy. Sua mulher ligou. Você está bem? Por favor, responda).

Leroy Homer não teve tempo de responder.

Cobertas de poeira, feridas, em pânico — assim ficaram as pessoas que tentavam se salvar, nas ruas próximas ao World Trade Center.

Na contramão

O edifício do Pentágono, sede do Departamento de Defesa dos Estados Unidos, foi construído durante a Segunda Guerra Mundial. A idéia, na ocasião, era transformá-lo, após a guerra, num depósito de arquivos. As vigas e a estrutura foram projetadas para agüentar o peso da papelada. Veio então a Guerra Fria e o Pentágono continuou sendo o comando das Forças Armadas.

Meio século depois, em abril de 1995, um atentado terrorista destruiu um prédio público federal na cidade de Oklahoma, matando 168 pessoas. Em meio à comoção nacional que se seguiu, o governo resolveu reforçar alguns de seus principais edifícios, inclusive o Pentágono. Neste, paredes foram substituídas por outras ainda mais sólidas e vidros à prova de balas, instalados nas janelas. As obras se iniciaram em 2000.

No dia do ataque da al-Qaeda, só a ala oeste do prédio está concluída. E apenas começa a ser ocupada. Quando, às 9h37min46s, o AAL77 se choca justamente contra esse lado, pouca gente encontra-se ali, não a população de quase 5 mil funcionários de tempos normais.

A estrutura reforçada apara só em parte a massa das quase 100 toneladas do 757 se chocando contra o prédio a 850 km/h. Enquanto se desintegra, o Boeing destrói três dos cinco anéis do edifício. Cinqüenta colunas são derrubadas em um percurso de 50 metros.

O secretário de Defesa, Donald Rumsfeld, está em seu gabinete, no lado oposto ao do impacto. Há 45 minutos, Rumsfeld assiste, pela

TV, aos incêndios nas Torres Gêmeas, em Nova York. Em sua sala, o choque do AAL77 provoca apenas uma leve vibração.

Na Agência de Inteligência, no Crystal Office, quase ao lado do Pentágono, Donn Marshall logo fica sabendo que um avião bateu no prédio onde se encontram sua mulher, Shelley, e seus dois filhos pequenos. Ele corre para lá, feito um desesperado. No caminho, ao atravessar, a pé, a rodovia 395, pulando sobre os *guard-rails*, Marshall pode ver uma coluna de fumaça erguendo-se da ala oeste do edifício. Tem um péssimo pressentimento.

Trezentos e vinte quilômetros a nordeste, e 34 minutos antes, no lobby do térreo da Torre Norte do World Trade Center, onde as escadas despejavam a massa de gente que vinha lá de cima, o cineasta francês Jules Naudet, que continuou filmando os acontecimentos ao seu redor, ouviu o estrondo do UAL175 se chocando contra a torre ao lado. A vibração aos seus pés foi como a de um terremoto.

Naudet filmou os bombeiros correndo para junto das vidraças do saguão, todos querendo ver o que estava acontecendo. O francês manteve seu padrão profissional: braço firme, olho fixo no visor da câmera. E foi através dele que viu um dilúvio de destroços despencando dos céus.

Na Torre Sul, após o choque do vôo 175, muita gente tenta subir para o terraço. Mas encontra as portas trancadas. Finalmente, chega um agente de segurança para abri-las com um cartão magnético. Só que a explosão danificou o sistema. O cartão se revela inútil e a passagem permanece bloqueada. Se tivesse sido aberta, de nada adiantaria. Lá em cima, os pilotos dos helicópteros da polícia não conseguem enxergar o topo do prédio, por causa da fumaça, muito menos pousar nele para resgatar sobreviventes.

O bombeiro voluntário e operador de mercado da Euro Brokers Brian Clark havia salvado o executivo do Banco Fuji, Stanley Praimnath. Este, depois de ter ido até o térreo e regressado para o 81º, de onde viu o jato da United se aproximar do prédio, ficara preso nos escombros após a explosão. Agora os dois descem pelas escadas.

Clark tem consigo uma lanterna, que está sendo de grande utilidade. As luzes da escadaria A, por onde descem, estão apagadas. Uma gosma escorregadia, formada por fragmentos do reboco de gesso das paredes misturados à água que cai dos *sprinklers*, cobre os degraus.

Aos trancos e barrancos, Clark e Praimnath, após cruzarem a base da zona de impacto, chegam ao 74º andar, onde há ar fresco e as luzes funcionam. Eles continuam descendo. A cada andar que atingem, o tráfego de pessoas é mais intenso.

Bem acima deles, Ron di Francesco, também da Euro Brokers, que já poderia estar na rua há muito tempo, não fosse sua obsessão em esperar a abertura dos mercados, numa segunda decisão infeliz é um dos que sobe em vez de procurar caminho através dos andares em chamas.

Só ao chegar ao 91º andar Francesco fica sabendo que não há acesso ao terraço. Precisa fazer um enorme esforço mental para controlar o pânico. Dá meia-volta e começa a descer. Felizmente, também se encontra na escadaria A, a única que dá passagem. É uma jornada tenebrosa, em meio à fumaça, ao calor e à escuridão.

Depois de muita luta, Ron di Francesco chega ao saguão intermediário do 78º andar, atingido pela ponta baixa da asa do UAL175. Há várias pessoas deitadas no chão, tentando respirar melhor. Francesco descansa um pouco, também deitado, mas logo retoma a jornada. Às vezes cai, às vezes escorrega degraus abaixo. Mas não pára de descer.

Ed Emery está na contramão do fluxo. Os ocupantes da Torre Sul descem para fugir. Ele sobe para salvar. Não é bombeiro, nem mesmo voluntário, mas, como diretor de Recursos Humanos do Fiduciary Trust, sente-se na obrigação de ir atrás de seus recursos humanos, para guiá-los na descida. Não é uma tarefa simples. Os escritórios da empresa começam sete andares acima da zona de impacto e Emery precisa achar uma brecha para atravessá-la. Subindo.

Além de chefe de um dos batalhões do Corpo de Bombeiros, Orio Joseph Palmer é corredor de maratona. Seu preparo físico é lendário na corporação. Ele agora sobe as escadas da Torre Sul, pulando de dois em dois degraus, com 40 quilos de equipamentos nas costas. Seu colega Tom Kelly, aquele que, em 18 anos de serviço, jamais foi promovido, e que gosta bem mais de algumas rodadas de cerveja do que de uma sessão de ginástica, o levou de elevador do térreo até o 40º, de onde Palmer partiu escada acima.

O World Trade Center é importante na vida de Kelly, particularmente o 40º andar. Em 1971, quando era soldador na construção da Torre Sul, certa noite ele levou sua garota, Kitty, num elevador de obra, para conhecer seu local de trabalho. Como o topo da torre, nesse dia, era o 40º andar, foi de lá que Kitty viu a paisagem de Manhattan iluminada.

Tom e Kitty agora são casados. Têm dois filhos. Ele se tornou bombeiro, mas continuou na construção civil. Hoje o soldador está de volta ao 40º andar.

Logo após o segundo choque contra as Torres Gêmeas, o Centro Nova York, em Ronkonkoma, declara um "ATC Zero". Isso significa que nenhuma aeronave pode mais atravessar o espaço aéreo coberto pelo Centro, assim como não pode decolar dos aeroportos nessa área, nem aterrissar neles. É uma interdição de 44 mil quilômetros quadrados, na região de maior tráfego aéreo do planeta.

Pouco mais tarde, com intervalo de cinco minutos entre um e outro, os quartéis-generais da American e da United Airlines cancelam a partida de todos os seus vôos, que seriam várias centenas só nas próximas horas.

Finalmente, o Centro de Comando da FAA, em Herndon, na Virgínia, proíbe todas as decolagens no país, inclusive de pequenas aeronaves e helicópteros. Resolve também determinar que os mais de 4.500 aviões que estão, nesse momento, voando sobre o território americano, aterrissem no aeroporto mais próximo. Os que se aproximam dos Estados Unidos vindos do exterior devem voltar para suas origens ou, na impossibilidade disso, se dirigir ao México, Canadá, países da América Central ou Caribe.

Pilotos de todo o mundo que estão terminando a travessia do Atlântico ou do Pacífico, ou chegando da Europa e da Ásia através do Pólo

Norte, já com pouco combustível nos tanques, são obrigados a pedir autorização de pouso em aeroportos, na prática alienígenas, com os quais não têm familiaridade e cujo tráfego de descida já está congestionado.

Desde que um piloto chamado Silas Christofferson transportou passageiros em seu pequeno hidroavião, entre as cidades de São Francisco e Oakland, na Califórnia, em 1913, é a primeira vez, em 88 anos de aviação comercial americana, que os céus dos Estados Unidos são interditados para aeronaves de passageiros.

No aeroporto Midway, em Chicago, Ellen Mariani, que voa para Los Angeles, separada do marido Louis, para assistir ao casamento da filha, é uma das pessoas retidas no solo, onde seu vôo foi surpreendido, durante a escala prevista, pela proibição de decolagem.

Ellen aguarda pacientemente o prosseguimento da viagem. Ainda não sabe que Louis, de quem se despediu quatro horas antes, no Logan, em Boston, morreu no choque do United 175 contra o World Trade Center.

Na Torre Norte do WTC, ninguém aparece para socorrer Chris Young, o bailarino/mensageiro, preso sozinho num dos elevadores. Young agora tem certeza de que algo mais sério está acontecendo. Que não foi seu pulo de Dom Quixote que provocou o incidente. Ouve o ruído de mãos socando uma parede.

— Alô!, alô! — Chris Young descobre que, num elevador próximo, outras pessoas estão presas.

— Nós somos sete aqui — diz uma delas. — Não sabemos o que aconteceu.

— Eu estou sozinho — revela Young. — No início eu... eu achei... Não. Na... nada — ele gagueja. — Como é que a gente... como é que a gente vai sair daqui?

Trajetória do vôo UAL93

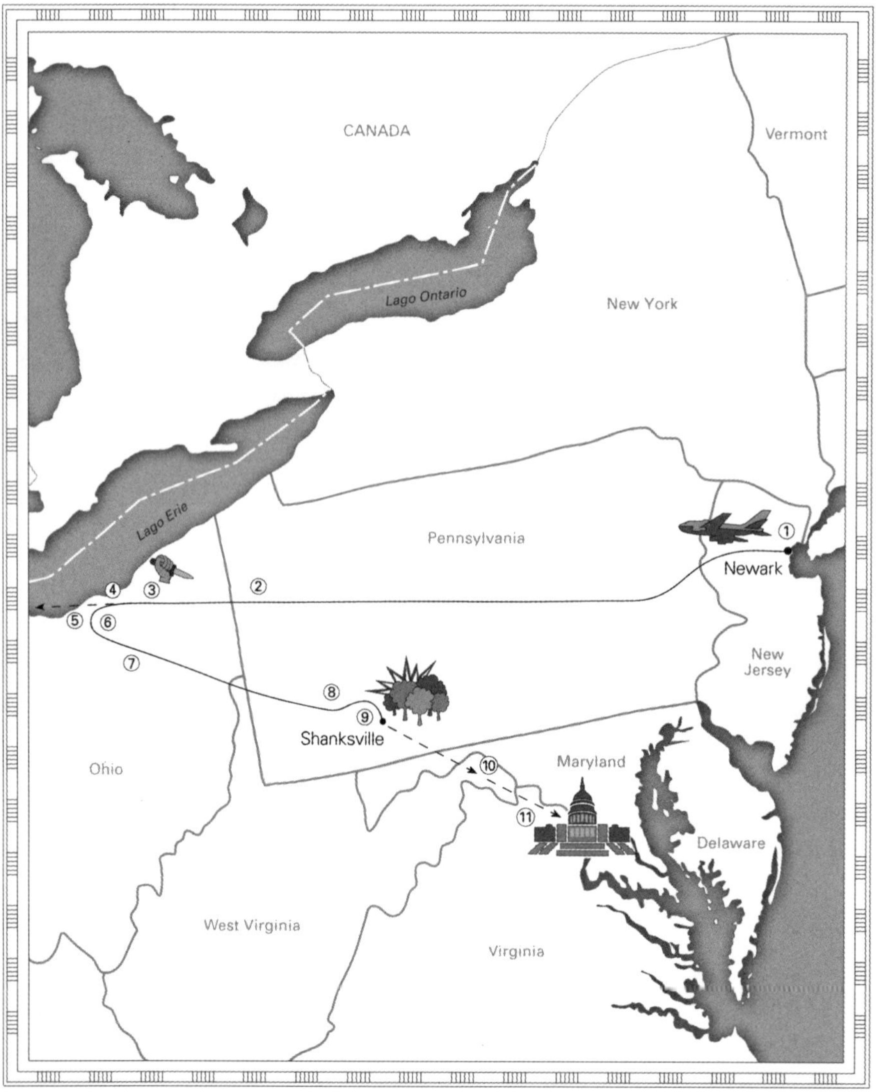

1. *Aeroporto de Newark – Nova Jersey, decolagem às 8h43*
2. *O despachante Ed Ballinger, da United, alerta o UAL 93 sobre o risco de seqüestro, às 9h21*
3. *Seqüestro do avião*
4. *Ziad Jarrah assume o comando*
5. *Rota que o avião faria para Los Angeles, se não tivesse sido seqüestrado*
6. *Jarrah programa nova rota no piloto automático*
7. *O piloto seqüestrador fala ao microfone, pensando estar se dirigindo aos passageiros*
8. *Luta na cabine*
9. *Queda em Shanksville*
10. *Rota que os seqüestradores teriam seguido para o Capitólio*
11. *Edifício do Capitólio*

Mayday!, mayday!

"Escolha a presa mais fraca, na hora de atacar", ensinou inúmeras vezes Khaled Sheik Mohamed aos jihadistas da Operação Aviões, durante as sessões de treinamento em Karachi.

Desde o taxiamento, no aeroporto de Newark, há 45 minutos, Ziad Jarrah e seus comandos, Saeed al Ghamdi, Ahmad al Haznawi e Ahmed al Nami, estão observando os três passageiros que compartilham, com eles, a primeira classe do vôo 93.

O processo seletivo é óbvio. Optam pelo mais velho. Trata-se de Mark Rothenberg, o empresário que viaja a negócios para Taiwan, via São Francisco. Virando-se discretamente para os lados e para trás, Jarrah o aponta, com um sinal quase imperceptível de queixo, aos seus homens. Os outros dois passageiros da primeira classe são o corpulento jogador de rúgbi, Mark Bingham, e Tom Burnett, também alto e forte, ambos na última fila, tendo a separá-los apenas o corredor central.

"Comece o golpe na parte superior do pescoço, sob as orelhas. Depois desça com a faca. Corte a laringe e as cordas vocais, para o animal não gritar", explica o manual da al-Qaeda.

Resta, a Jarrah e seus homens, aguardar que a porta do *cockpit* seja aberta. As duas coisas devem ser simultâneas: esfaqueamento do passageiro e, valendo-se do terror paralisante que se implantará, invasão da cabine.

Mas o tempo vai passando e nada da porta abrir. De vez em quando, Ziad Jarrah dá uma espiada disfarçada em seu GPS portátil e constata o afastamento do vôo, no sentido oeste, cada vez mais para longe do seu alvo, as casas do Capitólio, em Washington.

É provável que Jarrah, a esta altura, acredite que os outros seqüestros já devam ter acontecido e que as autoridades logo tomarão providências. Por isso, decide atacar de qualquer modo.

Obedecendo ao seu sinal, um dos comandos põe uma faixa vermelha na testa, levanta-se, mete-se entre duas filas de poltronas e ataca Mark Rothenberg, sentado a uma das janelas. O empresário não tem tempo nem de esboçar um gesto de defesa.

— Ahhhh — o grito nasce morto em sua garganta.

Tom Burnett, Mark Bingham e a chefe de equipe do UAL93, Debbie Welsh, que acode ao ouvir o gemido, olham, petrificados, para o homem de faixa na testa e estilete na mão. O cérebro das pessoas demora a processar fatos totalmente inesperados, e com as três testemunhas da barbárie não se passa de outro modo. Perplexidade total à visão do passageiro tombando para a frente, em seus estertores, golfando sangue pelo talho no pescoço, pela boca e pelo nariz.

Enquanto isso, outro comando, também usando um pano vermelho acima dos olhos, e até então despercebido, se aproxima de Debbie, empunhando um canivete, e a força a abrir a porta do *cockpit.* Bingham e Burnett continuam atordoados, sem ação.

Apesar da mensagem de alerta, enviada pelo despachante Ed Ballinger, e recebida pouco antes pelo comandante Jason Dahl e pelo primeiro-oficial Leroy Homer, estes levam um susto tremendo quando dois homens irrompem no *cockpit*, empurrando a chefe de equipe.

São 9h28 da manhã.

— *Mayday!* Saiam daqui! Saiam daqui! *Mayday!* — os gritos dos pilotos, para os seqüestradores e para o mundo exterior, são captados pelos minúsculos microfones fixados nas pontas das hastes junto às suas bocas. E ouvidos, com clareza, pelo Centro de Cleveland, em cuja área de ação o UAL93 voa neste momento.

"*Mayday*", além de ser um pedido convencional de socorro, é um ato de reflexo condicionado. Muitos aviadores pronunciam a palavra segundos antes de morrer. E mesmo sabendo que vão morrer. "*Mayday*" é lugar-comum, clichê, no acervo de fitas de gravação de caixas-pretas do NTSB (Comitê Nacional de Segurança no Transporte). "*Mayday*", tal como "Meu Deus", "Não", "Merda", "Cristo", "Maldito", não raro soa como um lamento angustiado de despedida.

A palavra *mayday* vem do francês "Venez m'aider" (Venha me ajudar), mais tarde simplificado para "M'aidez" (Me ajude) e depois toscamente anglicizado para *mayday*.

— O vôo 93, o que está acontecendo com ele? — pergunta, assustado, um controlador do Centro Cleveland para outro.

Pilotos de diversas aeronaves voando próximas do UAL93 também ouvem os gritos de "*Mayday*" e "Saiam daqui" às 9h28 da manhã.

O United 93 encontra-se no leste de Ohio, voando a 35 mil pés (10.600 metros) de altura. Nos primeiros 11 segundos, a aeronave cai 200 metros. A descida, que fica clara no sinal do *transponder*, é imediatamente percebida por Stacey Taylor, uma controladora de Cleveland.

Tudo que se fala na cabine do comando do UAL93 é captado por outros dois microfones, alimentadores do CVR (gravador de vozes da cabine), parte integrante da caixa-preta, em meio a gritos em árabe e em inglês e a sons de luta, luta essa que é a última ação dos pilotos e que dura não mais do que alguns segundos. Pois logo Dahl e Homer têm suas gargantas cortadas, assim como a chefe de equipe Debbie Welsh. As palavras de Debbie ficam gravadas na caixa-preta.

— Não, não, por favor. Não me machuque — ela pede.

— Cale a boca — um dos seqüestradores responde, em inglês com sotaque árabe.

— Eu não quero morrer. Eu não quero morrer — implora Debbie.
— Não, por favor.

Na cabine de primeira classe, Tom Burnett e Mark Bingham, que haviam tentado socorrer Rothenberg — este acaba morrendo nos braços de Burnett —, são forçados, por um terceiro comando, que surge lá de trás e os ameaça com uma falsa bomba (uma caixa vermelha), a recuar para a econômica. A cortina entre as duas classes é fechada pelo seqüestrador.

Lá nos fundos, uma das comissárias, a ex-policial CeeCee Lyles, tenta controlar a inquietação que começa a tomar conta dos passageiros à medida que a notícia do seqüestro se espalha.

— Por favor, todo mundo sentado. Não soltem os cintos de segurança. — CeeCee sabe muito bem que, em situações como aquela, é importante obedecer às ordens dos seqüestradores, atender suas exigências e evitar o pânico entre os reféns.

— Deixa que eu vou ver o que está acontecendo — ela se oferece, tentando mostrar-se o mais calma possível.

CeeCee Lyles vai até a cortina e abre uma fresta para enxergar a cabine de primeira classe, mas é obrigada a recuar sob ameaça do homem da "bomba".

Só depois que tudo se acalma Ziad Jarrah se manifesta. Levanta-se de sua poltrona na primeira fila e vai para a cabine de comando. Pouco depois, os corpos de Jason Dahl, Leroy Homer e Debbie Welsh são lançados, feito sacos de batata, para o corredor junto ao toalete e à *galley* dianteira.

Às 9h32, após se entender com alguns controles e nivelar o avião, Ziad Jarrah tenta falar aos passageiros. Mas comete o mesmo erro de Mohamed Atta, do AAL11. Em vez de acionar o botão do sistema de comunicação interna, aperta outro. Sua mensagem é transmitida para o mundo exterior e ouvida pelo Centro Cleveland.

— Senhoras e senhores, aqui é o comandante. Por favor, sentem-se e mantenham-se sentados. Temos uma bomba a bordo. Então sentem-se.

A exemplo do procedimento de Hani Hanjour no AAL77, Jarrah está usando o piloto automático para desviar o avião de sua rota e iniciar a navegação para Washington. Neste momento, o UAL93, que sobrevoa a cidade de Cleveland — tendo o lago Erie e a fronteira canadense à sua direita —, inicia uma longa curva, de 135°, para a esquerda. Minutos depois segue, no rumo 130, para seu novo destino, 450 quilômetros e meia hora a leste.

Como o *transponder* do United 93 permanece ligado, Cleveland acompanha a curva. E, embora não ouça com clareza a mensagem do seqüestrador, supostamente dirigida aos passageiros, o Centro pede que ele a repita.

— Centro Cleveland chamando. Não estamos entendendo você. Fale de novo, devagar.

Sempre supondo que se dirige aos passageiros, e ignorando (ou não ouvindo) Cleveland, Ziad Jarrah prossegue:

— Aqui é o comandante. Quero que todos permaneçam sentados. Temos uma bomba a bordo e estamos voltando ao aeroporto, onde faremos nossas exigências. Fiquem quietos.

Enquanto as notícias, da bomba e do seqüestro, vão galgando os degraus da hierarquia e da burocracia oficiais, o UAL93 começa a subir. Ergue-se a 40.700 pés (12.400 metros), altitude próxima do teto máximo de um Boeing 757. Cleveland, que cuida agora de afastar os aviões das proximidades, vê, claramente, que o vôo 93 se dirige a Washington, onde o AAL77 acaba de se chocar contra o Pentágono.

Na capital, é grande a movimentação. A Casa Branca, o Capitólio e os principais prédios públicos estão sendo esvaziados. O Centro de Comando da FAA, em Herndon, Virgínia, quer saber se há caças da Força Aérea voando para interceptar e, se necessário, abater o vôo 93. Todos sabem que, para isso ser feito, para se derrubar um avião civil, comercial, cheio de passageiros inocentes, será necessária uma ordem do presidente Bush.

Há 29 minutos, Bush sabe que o World Trade Center sofreu um ataque terrorista. Mas, durante todo esse tempo, ele permanece, em estado de estupor, ruminando o evento, na Escola Emma E. Booker, em Sarasota, Flórida. Só às 9h36 a comitiva presidencial segue para o Aeroporto Internacional de Sarasota/Bradenton, distante apenas 4 quilômetros.

Pouco antes de subir a bordo do Força Aérea nº 1, Bush fica sabendo que um terceiro avião se chocou contra o Pentágono. Ninguém lhe pergunta a respeito de abater vôos comerciais. E três deles já se chocaram contra alvos no solo, matando milhares de pessoas.

Com a demora presidencial em reagir aos acontecimentos, tudo indica que o quarto ataque da al-Qaeda de Osama bin Laden, agora contra o prédio do Capitólio, conduzido pelo libanês Ziad Jarrah e seus comandos, dará certo. Só que, na cabine da classe econômica do United 93, depois que Tom Burnett conversa por duas vezes com sua mulher, Deena, em San Ramon, na Califórnia, começa a nascer um motim, embrião que irá mudar em parte a história do 11 de setembro.

Agora, como em qualquer guerra, haverá dois lados em combate. E não apenas um algoz e um animal prostrado na pedra do sacrifício.

Acima, da esquerda para a direita, três membros da tripulação do vôo 93: o comandante Jason Dahl, a chefe de equipe Debbie Welsh e a comissária CeeCee Lyles.
Abaixo, os passageiros Liz Wainio, Mark Rothenberg e Donald Green.

Pra dizer que te amo

Em seu primeiro telefonema para Deena, dado logo após o seqüestro, Tom Burnett não ficou sabendo dos ataques às Torres Gêmeas. Ela simplesmente não teve coragem de contar. Mas, na segunda ligação do marido, mesmo tendo noção de que isso pode significar o anúncio de uma sentença de morte, ela diz a ele o que aconteceu no World Trade Center.

Tom desliga e transmite a notícia para os passageiros e comissárias reunidos na parte dos fundos da classe econômica. Alguns se apressam em telefonar para seus parentes. A aeromoça Sandy Bradshaw, por exemplo, usando seu celular, liga para o marido, Phil, piloto da US Airways. Jeremy Glick, representante de vendas e ex-campeão de judô, chama, também pelo celular, sua mulher Lyz. Vários outros ligam e tomam conhecimento de mais detalhes dos atentados terroristas.

A sentença de morte vai se tornando uma convicção geral a bordo. Se não reagirem, não terão a menor chance de sobrevivência: o vôo 93 será lançado contra algum alvo no solo. Isso é óbvio.

Em Nova York, na Torre Sul do WTC, uma companhia do Corpo de Bombeiros já está no 70º andar, apenas oito abaixo da zona de impacto. Pessoas feridas, muitas delas horrivelmente queimadas, se arrastam penosamente pelas escadarias. Ao vê-las, alguns bombeiros fazem meia-volta e passam a descer com elas. Outros prosseguem subindo, entre eles o chefe de batalhão Orio Palmer.

Após ter vindo, num elevador manobrado manualmente por Tom Kelly, do térreo até o 40º andar, o maratonista Palmer, apesar dos 45 quilos em roupas e equipamentos que tem de suportar, prossegue, em passo acelerado, o caminho pelas escadas. É o primeiro bombeiro a chegar ao 78º, base do incêndio, onde a asa esquerda do UAL175 provocou enorme destruição.

— Temos numerosos 10-45, código 1 — diz Palmer, pelo rádio, para o posto de comando. Na linguagem oficial da corporação, 10-45, código 1, significa cadáver. A expressão é usada para não causar pânico em civis que, eventualmente, possam estar ouvindo a transmissão.

— Precisamos de mais homens aqui — pede Palmer.

Além dos mortos, há um grupo de sobreviventes preso em um elevador. Usando pés-de-cabra, Palmer e alguns colegas que acabam de chegar os libertam. Orio Palmer vasculha a área. Descobre uma escada rolante, parada, que dá no 79º. Através dela, o chefe vê que o incêndio no andar de cima é devastador. Assim mesmo, resolve subir para ver se há alguém vivo por lá. Com suas botas especiais, refratárias ao calor, ele pisa nos degraus de metal quase incandescentes.

Ron di Francesco, que subiu do 84º para o 91º, e regressou ao 78º, recupera-se de um início de intoxicação por fumaça. Seu corpo tem diversas queimaduras, resultado da passagem pela zona de impacto. Ele tenta ignorar a dor e desce velozmente o lance A de escadarias, em meio à água lamacenta que escorre pelos degraus, causada pela poeira e pelo esguicho dos *sprinklers*. Já está no 60º.

Brian Clark, o bombeiro voluntário da Euro Brokers, e Stanley Praimnath, do Banco Fuji, salvo por ele, encontram-se vinte andares abaixo de Francesco. Não fosse o enorme tráfego de pessoas, bombeiros, policiais e paramédicos subindo, sobreviventes descendo, Clark e Praimnath já poderiam estar na rua.

O único elevador das duas torres que continua funcionando é o operado por Tom Kelly, indo e vindo entre o térreo e o 40º andar. Kelly sente que, a qualquer momento, a corrente elétrica da casa de máquinas poderá ser interrompida.

Ele morre de medo de ficar preso no poço. Mas não tem como largar o posto e sair do prédio, com tantos feridos para serem retirados.

Para complicar sua situação, um tenente, José Leavey, pede-lhe para pôr em ação um elevador que possa fazer o percurso entre o 40º e o lobby intermediário do 78º.

Para sua própria surpresa, Kelly consegue fazer o segundo elevador funcionar. E volta para o seu. Só que este, numa das descidas, fica preso entre dois andares.

Na Torre Norte, Abe Zelmanowitz e seu amigo tetraplégico Ed Beyea estão há uma hora no patamar das escadas no 27º andar, agora vazio. Estão aguardando uma equipe para descer com Beyea até o térreo. Eles têm a companhia de um bombeiro, Rich Billy, que interrompeu sua subida ao ver os dois homens esperando socorro. Billy sugere que Zelmanowitz vá descendo na frente, por ser muito pesado. Prome te cuidar de Beyea.

Abe insiste em ficar ao lado de Ed, até que todos possam descer juntos. Os sobreviventes que passam, em sua rota de fuga, pelos três homens, dirigem-lhes palavras de encorajamento. Mas ninguém pára para ajudá-los.

Oitenta metros abaixo, Chris Young, o dançarino da Marsh & McLennan, continua preso no elevador. Consegue falar pelo interfone pela segunda vez. A pessoa que o atende diz que passageiros libertados de outro elevador falaram a respeito dele ao pessoal da Segurança. Young espera. E espera. Nada acontece. Para piorar as coisas, o interfone fica mudo.

Em Washington, o vice-presidente Dick Cheney encontra-se no abrigo subterrâneo da Casa Branca. As instalações de sua sala no local são precárias: um banco, um telefone e um aparelho de televisão. E é pela TV que Cheney fica sabendo que um terceiro avião acaba de atingir o Pentágono, a pouco mais de 3 quilômetros dali. A tela exibe imagens de uma coluna de fumaça saindo da ala oeste do prédio. Cheney pede uma ligação para Bush.

Em Sarasota, na Flórida, já a bordo do Força Aérea nº 1, um Boeing 747-200B, que se movimenta pela pista de taxiamento do aeroporto, o presidente atende o vice.

— Alguém vai pagar pelo que está acontecendo — Bush desabafa.

Minutos depois, com Bush e Cheney ainda conversando, o enorme Jumbo presidencial decola do aeroporto de Sarasota/Bradenton. Destino: ninguém sabe.

Desde fevereiro de 1943, quando o presidente Franklin Delano Roosevelt, em plena Segunda Guerra Mundial, usou o primeiro Força Aérea nº 1 — um hidroavião quadrimotor a pistão Boeing 314, de dois andares, num vôo entre Washington e Casablanca, na África —, é a primeira vez na história que a aeronave presidencial decola sem que ninguém, nem mesmo o piloto, saiba para onde está indo.

Bush quer ir para Washington. Mas os agentes do Serviço Secreto, o vice Cheney e diversos assessores são contra, por razões de segurança. Depois de algumas discussões, chegam a um consenso: subir. Subir simplesmente para estar nos céus, quanto mais alto e mais cedo melhor.

No Centro de Comando da FAA (Administração Federal de Aviação), em Herndon, Virgínia, as atenções se concentram em outro Boeing: o 757 que faz o vôo UAL93. Este agora se desloca sobre o leste de Ohio, no sentido contrário ao de sua rota programada, e nitidamente em direção à capital, Washington. Tudo indica que seu destino é o mesmo dos outros três: chocar-se contra um prédio-símbolo americano.

Com o Pentágono já atingido, as preocupações agora se dividem entre a Casa Branca e o Capitólio. Em Herndon, alguém pergunta se foram providenciados caças da Força Aérea para interceptar o vôo 93.

— Isso é lá em cima — um funcionário aponta para o alto, como se dissesse: "Abater um avião de passageiros, só se a ordem vier de Deus."

Enquanto "Deus", indeciso, volteia os céus da península da Flórida a bordo do Força Aérea nº 1, sem saber para onde ir, 1.200 quilômetros ao norte, desde as 9h41 o *transponder* do United 93 está desligado. A aeronave agora só pode ser vista, nas telas de radar, através dos *blips* primários. A tarefa já não é tão complexa, como foi nos primeiros seqüestros da manhã, porque os céus dos Estados Unidos da América se esvaziam rapidamente.

— O vôo 93 está 30 minutos fora de Washington — informa um dos controladores de Herndon. — Vinte e nove, agora. Eles estão 20 milhas a noroeste de Johnstown, Pensilvânia.

Em San Ramon, Califórnia, Deena Burnett, após ter falado por duas vezes, ao telefone, com seu marido Tom, assiste à CNN.

A tela mostra imagens de Washington, com uma coluna de fumaça se erguendo de algum lugar, ao fundo da cena. Ouve-se a voz, em off, de uma apresentadora:

— Um terceiro avião acaba de colidir com o Pentágono.

Como não dão o número do vôo, Deena pensa, não sem uma boa dose de lógica, que é o de Tom. Sofre um ataque histérico, para grande aflição das meninas, Halley, Madison e Anna Claire, que correm para junto da mãe.

O telefone volta a tocar. É Tom de novo. Deena pensa, agora sem nenhuma lógica, que o marido sobreviveu à queda. Sente enorme alívio.

— Deena, nós continuamos no ar — a felicidade dela dura pouco.

— Você está bem?

— Não, não estou.

— Tom, eles agora atacaram o Pentágono.

Tom Burnett fica alguns segundos em silêncio, processando a informação.

— Devem ser missões suicidas. Nós vamos ter que agir — ele diz. — Volto a chamar você daqui a pouco.

— Posso fazer alguma coisa?
— Reze, Deena, reze!

Também passageiro do vôo 93, Edward Felt, 41, casado, pai de duas crianças, com medo de ser surpreendido pelos seqüestradores, entra num dos banheiros da econômica, para fazer uso do celular. Disca 911, dos Serviços de Emergência.

— Meu nome é Edward Felt.

— Felt? Pode soletrar, senhor?

— F-E-L-T. Estou no vôo 93. O avião foi seqüestrado.

— Por gentileza, preciso de mais dados.

— United Airlines, vôo 93, de Newark para São Francisco. Nós estamos...

De repente, Felt sente a inutilidade de tudo aquilo. Não há ninguém no mundo que possa ajudá-los. Edward Felt olha tristemente para o aparelho em suas mãos e usa o polegar esquerdo para teclar "END".

Mark Bingham, o empresário e jogador de rúgbi que foi expulso, pelos seqüestradores, da cabine de primeira classe junto com Tom Burnett, usa seu cartão de crédito para falar, através do *airphone*, com sua mãe, Alice Hoglan, de 51 anos.

Alice é uma mulher de fibra que já foi de tudo um pouco na vida, inclusive comissária de bordo e coelhinha de um dos clubes *Playboy*. Ela está na casa de um irmão, em Saratoga, Califórnia, ajudando sua cunhada, Katie, a tomar conta de trigêmeos recém-nascidos. São 6h44 da manhã, hora local, e Alice cuida de um dos bebês. Pela pressa com que a chamam ao telefone, ela desconfia de algo sério. Corre para atender a ligação.

— Mamãe, aqui é Mark Bingham — ele jamais se identificou, à própria mãe, usando nome e sobrenome. Se segundos antes desconfiou, Alice Hoglan agora tem certeza de que seu filho está com algum problema sério.

— Só quero dizer que te amo — Bingham prossegue. — Estou num vôo para São Francisco, tem uns caras a bordo. Eles seqüestraram o avião e estão ameaçando a gente com uma bomba.

No UAL93, há um *airphone* em cada grupo de três assentos. Mas o sistema só permite oito chamadas simultâneas. Com muitos passageiros querendo telefonar ao mesmo tempo, a ligação de Mark Bingham para sua mãe é uma das que cai.

Alice liga a televisão, para saber se estão falando a respeito do avião do filho. Só então, a família, até este momento toda envolvida com a rotina cansativa dos trigêmeos, fica sabendo dos ataques ao World Trade Center. Alice Hoglan descobre que o problema de Mark é apenas parte de um contexto muito maior.

Jeremy Glick, que deveria ter voado na véspera, mas desistiu, usa o celular para ligar para a casa de seus sogros, nas montanhas Catskill, onde está sua mulher, Lyz, e a filha de três meses do casal, Emmy.

JoAnne Makely, sogra de Jeremy, que assiste, pela CNN, junto com toda a família, aos acontecimentos em Nova York, atende o telefone.

— Jeremy — JoAnne respira aliviada —, graças a Deus é você. Nós estávamos tão preocu...

— Tenho más notícias — ele a interrompe. — Pode chamar a Lyz?

Glick conta, para a mulher, tudo que aconteceu no vôo.

— Acho que os seqüestradores são do Oriente Médio — ele prossegue. — Iranianos, uma coisa assim. Estão com faixas vermelhas na testa. Mandaram todo mundo para a traseira do avião. Eles... eles têm uma caixa, amarrada com um fio vermelho. Disseram que é uma bomba.

— Vai ficar tudo bem — no início, Lyz Glick consegue controlar o pânico.

— Um passageiro aqui está dizendo que dois aviões bateram no World Trade Center — Jeremy Glick se refere a Tom Burnett. — É verdade?

Nenhuma resposta. Jeremy ouve apenas a respiração descompassada de Lyz.

— É verdade? — ele insiste na pergunta.

— É — finalmente ela responde.

— Você acha que o nosso também está indo para lá?

Lyz Glick dá uma risadinha nervosa e totalmente extemporânea.

— Não — ela diz. — Vocês devem estar indo para outro lugar. O World Trade Center não precisa mais. Já foi destruído.

Lauren Grandcolas, da revista *Good Housekeeping*, grávida de três meses, já ligou uma vez, pelo celular, do aeroporto de Newark, para o marido Jack, em San Rafael, na Califórnia, avisando-o de que iria pegar um avião mais cedo. Deixou recado na secretária eletrônica. Agora ela o chama novamente.

São 6h45 da manhã na Costa Oeste. Jack continua dormindo, sem ter a menor idéia dos ataques ao país.

— Jack, atende, Jack — Lauren tenta acordá-lo. — Atende. Preciso falar com você, sobre um negócio que aconteceu aqui no avião.

Como Jack não acorda, ela prefere não assustá-lo. Nada diz sobre o seqüestro e desliga. Liz Wainio, do Discovery Channel, sentada na poltrona ao lado, pede emprestado o celular de Lauren.

— Claro, querida, claro. Ligue também para a sua família.

Liz consegue falar com a madrasta, Esther Heymann, a quem chama de mãe, e que está em casa, na cidade de Baltimore.

— Oi, mãe, nós fomos seqüestrados. Estou telefonando para dizer adeus e também para dizer que amo vocês.

Esther fica um tempão engolindo em seco. Finalmente, reúne forças para responder:

— Nós também amamos você, querida. Meus braços estão ao seu redor.

As duas emudecem, ouvindo cada qual os soluços contidos da outra. Não há desespero. Apenas uma profunda melancolia, de parte a parte.

— Não sei como isso vai terminar — Liz quebra o silêncio. — Mas, do lado de fora da janela, o céu está lindo.

Usando um dos *airphones*, a comissária Sandy Bradshaw fala primeiro com um dos escritórios da United Airlines, em São Francisco. Diz que o vôo foi seqüestrado e que a chefe de equipe Debbie Welsh foi morta pelos seqüestradores, que alegam ter uma bomba. Em seguida, Sandy liga para o marido, Phil, em Greensboro, na Carolina do Norte.

Phil Bradshaw, que acompanha, pela televisão, os incêndios nas Torres Gêmeas, procura se controlar. Pede à mulher informações mais precisas, para que ele, como aviador, possa avaliar melhor as coisas.

— Quem está pilotando o avião? — ele pergunta.

— Não sei.

— Onde vocês estão? — Phil mantém a voz pausada.

— Não sei.

— Tem algum rio aí embaixo? Vocês estão voando em que direção?

— Não sei, Phil. Não sei — ela começa a ficar nervosa.

— Calma, Sandy. Olhe pela janela. Onde está o sol?

— Bem na nossa frente.

— Então vocês estão indo para leste.

Sandy Bradshaw, que perdia as esperanças de sair viva da situação, não quer mais falar da parte prática.

— Eu amo você, Phil.

— Eu também, Sandy, mas...

Ela o atropela:

— Cuide das crianças. Cuide da educação delas.

— Não fale isso, Sandy. Nós vamos criá-las juntos — a voz de Phil Bradshaw não revela a menor convicção. Apenas a enorme angústia que sente.

CeeCee Lyles, colega de Sandy Bradshaw na classe econômica, tenta, mas não consegue, falar com o marido, o policial Lorne Lyles, em Fort Myers, na Flórida. Ele chegou do turno da noite às 7h30 da manhã e despencou na cama. A ligação de CeeCee cai na secretária eletrônica.

— Oi, meu amor. Presta atenção. Meu vôo foi seqüestrado. Estou falando do avião. Pra dizer que te amo. Por favor, diga pras minhas crianças que eu as amo muito e que lamento tudo isso. Eu... eu não sei mais o que dizer. Estou tentando manter a calma. Nós todos estamos tentando manter a calma. Um passageiro disse que jogaram aviões no World Trade Center. Tomara que eu possa ver... ver seu rosto de novo, meu amor — a guerreira começa a chorar. — Adeus.

Na véspera, Todd Beamer chegou de Roma com sua mulher, Lisa. Agora, sentado na 10ª fila da classe econômica, com um aparelho de *airphone* à frente, ao saber que dois aviões se chocaram contra o WTC, resolve ligar para casa. Usa o cartão de crédito para tirar o telefone do encaixe. Disca.

Em Cranbury, Nova Jersey, Lisa ouve a campainha soar apenas uma vez e parar. Não chega a pegar o aparelho. Logo depois, o telefone toca de novo. Também uma vez apenas. Lisa quase tem o marido ao alcance, sem saber que é ele.

Com as linhas do *airphone* estranguladas, a terceira tentativa de Todd Beamer é transferida automaticamente para o Centro de Atendimento de Clientes da Verizon Airphone, em Oakbrook, Illinois, subúrbio de Chicago, onde uma operadora da Estação 15 a pega.

Assim que Beamer dá as primeiras explicações, a moça, que já sabe o que está acontecendo na Costa Leste, sente o peso da responsabilidade.

— Tenho uma pessoa na linha que está em mais um avião seqüestrado. É o vôo 93, da United Airlines — diz ela à sua supervisora, Lisa Jefferson, uma veterana com 18 anos de empresa.

Mais do que depressa, Lisa Jefferson assume a ligação.

— Meu nome é Jefferson. Então seu avião foi seqüestrado. O senhor poderia dar mais detalhes? — Lisa, que confirma na tela de seu computador que a chamada vem de um vôo da United, lembra-se das instruções de seu manual de conduta em casos de emergência.

— Preciso saber o número de pessoas a bordo, quantos seqüestradores são, quais as suas armas — ela continua.

— O número exato, eu não sei — responde Beamer. — Mas o avião está bem vazio. Eles... os seqüestradores... eles já mataram algumas pessoas lá na frente... Estão armados de facas e canivetes.

Beamer também acha que tudo que está acontecendo é parte de um mesmo complô e que suas chances de morrer são enormes. Não quer partir sem deixar uma mensagem final para sua mulher, Lisa, para David, 3 anos, para Andrew, 1 ano e meio, e para a menininha que vai nascer em janeiro.

E, assim, Todd Beamer passa a contar para uma desconhecida, outra Lisa, Lisa Jefferson, sua própria história e a narrar a história do vôo 93, pelo menos a daquela manhã, pois a história completa começou na Alemanha, em 1996, quando um estudante libanês, moderno e liberal, chamado Ziad Jarrah, então com 21 anos, após ter passado a maior parte de sua vida no Oriente Médio, sem ser influenciado por fundamentalistas islâmicos, foi finalmente dobrado pelos extremistas da mesquita Quds, em Hamburgo.

Agora, cinco anos depois, no *cockpit* do UAL93, Ziad Jarrah, noivo da turca Aysel Senguen, acaba de sintonizar, no VOR (sistema onidirecional de radionavegação), a freqüência de auxílio do Aeroporto Nacional Reagan, em Washington. Ato contínuo, basta reprogramar o piloto automático, inserindo o curso determinado pelo VOR. Isso levará o Boeing até a capital do país, onde Jarrah pretende lançá-lo sobre a colina do Capitólio.

Dez minutos mais tarde, os moradores de diversos condados do sul da Pensilvânia ouvem um estrondo, captado também pelos sismógrafos da região. Um caça F-16, da Base Aérea de Langley, Virgínia, rompe a barreira do som voando ao encontro do United 93.

À esquerda: o bombeiro Tom Kelly, que transportou bombeiros e feridos num elevador entre o térreo e o quadragésimo andar durante a operação de resgate na Torre Sul.
À direita: o chefe de bombeiros Orio Palmer, um exímio corredor de maratona.

Torre Sul: um minuto para as dez

São 9h57 da manhã de 11 de setembro. Já se passaram 54 minutos desde que a Torre Sul foi atingida pelo UAL175 e uma hora e 11 minutos desde o choque do AAL11 contra a Torre Norte. Mais de um bilhão de pessoas, nos cinco continentes, assistem ao incêndio pelas telas da TV. Embora todos saibam que o número de vítimas será horrendo, termo que seria usado mais tarde pelo prefeito de Nova York, Rudolph Giuliani, ninguém, ou quase ninguém, imagina que as torres possam cair.

Equipes de socorro continuam entrando nos dois prédios e multidões se aglomeram em Lower Manhattan, perigosamente próximas ao World Trade Center. Nenhuma das emissoras de rádio e televisão que transmitem a tragédia menciona a hipótese de um colapso das torres.

— Temos de esperar que as coisas se esclareçam, antes de regressarmos a Washington — a bordo do Força Aérea nº 1, o chefe de gabinete Andrew Card é um dos que tentam mostrar a George Bush o risco que representa ir para a Casa Branca neste momento.

Enquanto isso, a aeronave presidencial, voando a 35 mil pés (10.600 metros), continua fazendo longos círculos, no sentido anti-horário, sobre o Aeroporto Sarasota/Bradenton, tangenciando, a oeste, a Baía de Sarasota e o Golfo do México e, a leste, os condados de Hardee e DeSoto. No *cockpit*, o coronel Mark Tillman, comandante do *jumbo*, aguarda, ansioso, a definição de um destino. Os jornalistas que viajam de carona, acompanhando a comitiva de Bush, são proibidos de telefonar para suas redações.

Depois de muita confabulação entre assessores do presidente e o pessoal do Serviço Secreto, decide-se ir para alguma base da Força Aérea, onde boa parte dos jornalistas e pessoas não essenciais possam desembarcar, e o Boeing ser reabastecido. Além disso, é preciso que Bush fale ao país sobre a tragédia que se desenrola na região Nordeste.

A escolha recai sobre a Base de Barksdale, em Louisiana, 1.200 quilômetros a noroeste, distância que sobe para 1.500, pois o coronel Tillman não quer seguir uma linha reta, o que implicaria sobrevoar águas internacionais no Golfo do México. Ele prefere adotar uma rota em forma de cunha, passando sobre Tallahassee e mantendo-se o tempo todo no espaço aéreo americano.

Mal o Força Aérea nº 1 termina de executar suas curvas e inicia a jornada para Barksdale, dois caças se aproximam, um de cada lado, e passam a escoltá-lo. Se, por um lado, a segurança do presidente agora está melhor, seu sistema de comunicações funciona pessimamente. Bush não consegue falar com o secretário de Defesa, Donald Rumsfeld. E suas ligações com o vice-presidente Cheney, que continua no abrigo subterrâneo da Casa Branca, caem a todo instante.

A única fonte atualizada de informações a bordo do avião presidencial é a CNN. Todos, tripulantes, integrantes da comitiva, jornalistas e convidados, se debruçam sobre as telinhas para acompanhar as cenas do incêndio em Lower Manhattan.

Na Torre Sul do WTC, Ed Emery, diretor de Recursos Humanos do Fiduciary Trust, encontra-se no 97º andar, 14 acima do topo da zona de impacto. Ele vasculha os escritórios da empresa, em busca de sobreviventes.

O bombeiro voluntário e operador da Euro Brokers, Brian Clark, e Stanley Praimnath, cuja vida havia sido salva por Clark, acabam de sair da torre. Procuram se afastâr rapidamente do prédio. Quando chegam à igreja da Trindade, quatro quarteirões a sudeste do Trade Center, dão uma parada para tomar fôlego. Voltam-se para ver o incêndio, lá em cima. Praimnath se ampara na grade da igreja e diz para Clark:

— As torres vão cair.

— Pelo amor de Deus, não diga uma coisa dessas. Ali só tem cortinas, carpetes, móveis, divisórias, esse tipo de...

Falta um minuto para as dez da manhã. Brian Clark não chega a terminar a frase.

Ao contrário da maioria dos arranha-céus, mantidos de pé por colunas centrais de concreto, as Torres Gêmeas do World Trade Center são sustentadas por sua estrutura externa, forjada em aço de 14 polegadas. Essa estrutura não fora projetada para resistir àquela fornalha.

O aço começa a se expandir, a se estufar para fora. Os vidros são comprimidos em seus caixilhos e explodem, em meio a estampidos que ecoam e ricocheteiam nos prédios próximos. O fogaréu, até então restrito ao interior dos andares, encontra oxigênio do lado de fora e se liberta em enormes bolas de fogo.

Em poucos segundos, para assombro de Clark, de Praimnath, da multidão aglomerada no sul da ilha, no Promenade de Brooklyn Heights, no Parque Battery, em Staten Island e nas barrancas de Nova Jersey e dos telespectadores do mundo inteiro, a Torre Sul cai. Cai na vertical, como numa implosão controlada, talvez um dos mais espetaculares desabamentos da História.

Na descida, os andares se achatam, como uma sanfona se fechando. Um a um, os escritórios da Torre Sul do World Trade Center se esfarinham ao encontro do solo rochoso de Manhattan. Uma nuvem de poeira, fumaça, cinzas, fuligem, pó de cimento, partículas de destroços e detritos os mais diversos, que se desdobra em gigantescos cogumelos horizontais, se espalha por todos os lados. Invade as ruas do setor financeiro, dobra esquinas, entra nos vãos das portas, alcança e engole as pessoas que correm, apavoradas.

Nos últimos 72 minutos, Ron di Francesco, operador da Euro Brokers, localizada no 84º andar da Torre Sul, viveu mais emoções do que em toda a sua vida. Permaneceu na mesa de trabalho, para não perder a abertura do mercado. Quando a asa direita do segundo avião se chocou contra o andar logo abaixo do seu, Di Francesco tentou subir para o terraço. Foi obrigado a fazer meia-volta. Depois atravessou, pela escadaria A, os seis andares da zona de impacto, sofrendo, no trajeto, ferimentos e queimaduras. Mesmo assim, desceu mais 77 andares até o lobby do térreo.

Quando chegou à rua, após fugir pelos corredores do subsolo, Di Francesco ouviu um estrondo. Olhou para trás. Uma bola de fogo, que caía dos céus, veio em sua direção.

O maratonista e chefe de batalhão do Corpo de Bombeiros Orio Palmer morreu enquanto tentava, num esforço tão inútil quanto heróico, apagar o incêndio no 79º andar da Torre Sul. Estava acompanhado de um companheiro, também chefe, Marshall Ron Bucca. As últimas palavras pronunciadas por Palmer, através de seu rádio portátil, foram de ingênuo otimismo:

— Chefe Palmer falando. Temos dois bolsões de fogo isolados aqui. Acho que podemos extingui-los. Mandem reforços, rápido.

Ed Emery, dos Recursos Humanos do Fiduciary Trust, morreu 18 andares acima de Palmer. Antes da torre cair, Emery pôde falar, pelo telefone, com sua mulher, Elizabeth, em Clifton, Nova Jersey. Enquanto conversava com o marido, ela ouviu uma voz ao fundo da ligação:

— Onde estão as escadas? Onde estão as escadas?

O telefone emudeceu no exato momento em que Elizabeth via, na tela da TV, a torre de onde Ed falava com ela desmoronar feito um castelo de areia.

O bombeiro e operário de construção civil Tom Kelly, que jamais foi promovido na corporação, morreu esmagado no elevador que operava na Torre Sul. A bravura de Kelly, subindo e descendo, entre o lobby e o 40º, os andares de um edifício em chamas, apesar do medo que sentia, salvou grande quantidade de pessoas, inclusive vários colegas.

Seu último comunicado, seis minutos antes do colapso da torre, foi feito pelo interfone do elevador.

— Estou preso no poço. Repito: preso no poço. Vou forçar a porta e tentar esburacar a parede, para sair daqui.

Seqüência da queda da Torre Norte, apenas 29 minutos depois do desabamento da Torre Sul, no que parecia uma implosão controlada.

Sonho impossível

Acompanhando o chefe Joseph Pfeifer, do 1º Batalhão do Corpo de Bombeiros de Nova York, o cinegrafista francês Jules Naudet foi uma das primeiras pessoas a entrar na Torre Norte, poucos minutos após o choque do AAL11 contra o topo do prédio. Depois da equipe precursora, comandada por Pfeifer, bombeiros de quase todas as guarnições da cidade haviam sido enviados para o World Trade Center. Naudet se manteve firme em meio ao caos do lobby do térreo, filmando cada detalhe da movimentação.

Quando, um minuto antes das dez da manhã, houve o primeiro desmoronamento, no saguão da Torre Norte todos ouviram, e sentiram, um grande estalo. Estalo que se transformou em um estrondo assustador, que veio descendo, aumentando de intensidade, se aproximando do chão de modo aterrorizante. Era impossível saber o que acontecia, muito menos que o estrondo vinha da torre ao lado. Uns pensavam em uma explosão; outros, que a própria Torre Norte estivesse desabando sobre suas cabeças.

Perto de Naudet, a maioria dos bombeiros e demais integrantes das equipes de socorro entrou em pânico. O medo marcava seus rostos. Muitos homens caíram de joelhos, resignando-se com o fim. Outros correram. Correram em círculos, para lugar nenhum. Uma nuvem de poeira e destroços veio do subsolo, através do vão das escadas rolantes. Interrompeu-se o fluxo de energia elétrica.

Por segundos, o saguão permaneceu totalmente às escuras. Mas logo as luzes de emergência se acenderam automaticamente. Foram mais alguns breves momentos de tênue claridade, seguidos de novas trevas, agora provocadas pela poeira e pela fumaça. E Jules Naudet continuou filmando as entranhas do Trade Center. Filmando a própria ausência de imagens. Soprava e limpava com as mãos a lente da câmera, tentando captar, ao menos, alguma sombra, algum espectro que ilustrasse a catástrofe ao redor.

10h04. A Torre Sul já desmoronou há cinco minutos. Um dos helicópteros da polícia, que sobrevoa o complexo do World Trade Center, informa que a parte externa dos andares mais altos da Torre Norte está ficando vermelha.

— Acho que a segunda torre também vai cair — adverte, com voz assustada, o piloto.

No 27º andar da Torre Norte, Abe Zelmanowitz e o bombeiro Rich Billy continuavam tomando conta do tetraplégico Ed Beyea quando a torre ao lado desabou. Dois oficiais da corporação, capitão William F. Burke e tenente Greg Hansson, que vinham descendo as escadas, uniram-se aos três.

Veio então, pelo rádio, diretamente do comando, a seguinte ordem:

— Atenção, todas as unidades em ação no World Trade Center. Evacuem os prédios. Repito: Evacuem os prédios.

Burke não hesitou. Mandou Billy e Hansson descerem, pois o número de homens era ainda insuficiente para carregar, com agilidade e segurança, Beyea (o obeso Zelmanowitz não seria de nenhuma ajuda). Burke também percebeu que se Beyea fosse levado escada abaixo isso bloquearia o caminho de fuga dos bombeiros.

Ele mesmo, capitão Burke, não teve coragem de abandonar o homem indefeso. Abe Zelmanowitz também não quis deixar o amigo. Os dois decidiram permanecer ao lado de Beyea.

Chris Young, o mensageiro/bailarino, o Dom Quixote da Marsh & McLennan, preso em um dos elevadores da Torre Norte, tinha ouvido, 25 minutos antes, o estrondo da Torre Sul desmoronando. Sentiu os sintomas de um terremoto ao contrário, descendo em sua direção.

Young encolheu-se todo, estremeceu até os ossos, certo de que o prédio caía sobre si. Torceu apenas para que o fim fosse rápido e indolor. Quis morrer como um inseto esmagado sob a sola de um sapato.

Só que o terremoto passou ao largo, e ao lado. Aos poucos, seu rugido foi cessando. Sobreveio um silêncio sepulcral.

Young começou a cantarolar *The Impossible Dream* (O sonho impossível).

"*To dream the impossible dream...*" (Sonhar o sonho impossível...)

10h26. Chris Young, o sonhador da Torre Norte, tenta, pela enésima vez, abrir a porta do elevador. Procura enfiar os dedos através da estreita fresta que separa as duas metades da porta. Só que, desta vez, para sua grande surpresa, consegue afastá-las sem nenhum esforço. A surpresa se transforma em perplexidade quando Young se defronta com o saguão esfumaçado, deserto e quase totalmente às escuras do térreo. O elevador está menos de meio metro acima do nível do solo.

Durante todo aquele tempo, desde o choque do vôo 11 da American Airlines contra o Trade Center, que coincidiu com seu salto de balé, Chris Young esteve no térreo. Mais tarde, como a queda do prédio ao lado interrompeu o abastecimento de energia da Torre Norte, o sistema que impedia que as portas dos elevadores se abrissem fora dos andares foi desativado.

Young salta para o lobby, atravessa-o rapidamente e sai do prédio, passando para o pátio através de um rombo na vidraça. Começa a se afastar para longe, pela West Street, afundando os pés na poeira de cimento e desviando-se dos detritos, quando um bombeiro, que olha para cima, grita em sua direção:

— Corre, homem! Corre!

Chris Young é a última pessoa a escapar de um elevador das Torres Gêmeas. Exatamente às 10h28min25s, a Torre Norte desmorona. Tal como sua vizinha, cai de pé. Centenas de pessoas, que ainda permaneciam vivas no interior do prédio, a maioria encurralada acima da zona de impacto, morrem esmagadas, entre elas Abe Zelmanowitz, seu amigo Ed Beyea e o capitão Burke, dos Bombeiros, que os acompanha.

Jules Naudet, o cinegrafista, saiu do lobby da Torre Norte pouco antes de Chris Young, quando o chefe Joseph Pfeifer considerou insustentável a situação deles ali. O francês e o chefe, assim como diversos bombeiros, fugiram através de uma passarela coberta que dava passagem para o Six World Trade Center, um prédio baixo ao lado da torre. Enquanto caminhava em passadas largas, Jules manteve a câmera ao lado do corpo, colhendo imagens dos homens que iam à sua frente.

Logo depois, Naudet capta o estrondo crescente da Torre Norte desabando, assim como a nuvem de poeira que vem em sua direção. Escapa de morrer asfixiado por ela, ao se jogar debaixo de uma viatura do Corpo de Bombeiros. A câmera, sempre ligada, registra, com seu microfone, as batidas secas dos destroços que caem sobre o veículo. Até que não se ouve mais nada. E o francês capta o silêncio absoluto, quebrado apenas pelo assobio do vento, como se a ponta sul da ilha de Manhattan estivesse atravessando um inverno nuclear.

O documentário inicial de Naudet, cujo argumento era a história de um recruta que se transforma de rapaz em homem em poucas semanas, acaba sendo um documentário sobre si mesmo, um despretensioso jovem francês que envelhece dez anos em pouco mais de noventa minutos.

Se as Torres Gêmeas, em vez de caírem de pé, tivessem tombado para um dos lados, a tragédia teria tido proporções apocalípticas, tal como sonhou o paquistanês Ramzi Yousef, *O Químico,* que tentara derrubá-las com um carro-bomba em 1993.

Uma queda com efeito dominó teria arrastado, com o World Trade Center, boa parte dos arranha-céus do Distrito Financeiro do sul de

Manhattan. Em lugar de sofrer um segundo Pearl Harbor, analogia feita por muitos na ocasião dos atentados, os americanos teriam testemunhado uma outra Hiroshima. O número de mortos poderia ter chegado a dezenas de milhares, não só nos prédios próximos ao WTC, como entre a multidão que se concentrava na ponta da ilha para ver o incêndio.

Mil e trezentos quilômetros ao sul da cidade de Nova York, a bordo do Força Aérea nº 1, na rota entre Sarasota, Flórida, e a Base Aérea de Barksdale, na Lousiana, o presidente George W. Bush, depois de discutir o assunto com o vice Dick Cheney, ordenou a derrubada de aeronaves de passageiros que estivessem voando — sem autorização e acompanhamento dos órgãos de controle de vôo em terra — em direção a centros populosos dos Estados Unidos da América.

Não temos outra escolha

O CVR (gravador de vozes) do vôo 93 da United Airlines foi recuperado em meio aos destroços do Boeing, contendo tudo que foi falado, em árabe e em inglês, na cabine de comando e em suas proximidades, na meia hora que antecedeu a queda.

O FDR (gravador dos parâmetros de vôo) do UAL93, também resgatado, revelou todos os procedimentos adotados pelos pilotos do avião (primeiro, os da United, depois, o libanês Ziad Jarrah) até o instante final. Este aconteceu quatro minutos depois do colapso da Torre Sul do WTC e 25 minutos antes do esfacelamento da Torre Norte.

Durante os momentos de agonia, entre o seqüestro e o desfecho do vôo 93, diversos passageiros e pelo menos duas das comissárias de bordo conversaram com familiares e amigos, ou deixaram mensagens gravadas em secretárias eletrônicas. Portanto, apesar da ausência de sobreviventes, foi possível reconstituir quase tudo que aconteceu a bordo da aeronave.

Os próprios mortos relataram a tragédia.

Às 9h40, três dos quatro alvos da Operação Aviões já tinham sido atingidos com sucesso. Faltava apenas Ziad Jarrah chegar a Washington e lançar o vôo 93 sobre o prédio do Capitólio, sede, desde o início do século XIX, do Poder Legislativo dos Estados Unidos.

Em sua primeira ligação, para a mulher, Deena, em San Ramon, Califórnia, Tom Burnett revelou a ela que o vôo fora seqüestrado. Na segunda chamada, coube a Deena contar a Tom a respeito dos ataques às Torres Gêmeas. Nesse momento, ele teve consciência de que a missão dos seqüestradores do vôo 93 era suicida.

Após avisar, aos colegas passageiros, e às comissárias de bordo, a respeito do World Trade Center, e discutir com eles a situação, Tom ligou para Deena pela terceira vez:

— Nós vamos atacar os seqüestradores — ele disse, com a respiração descompassada. — Quem sabe a gente consegue tomar o avião de volta.

Em seus tempos de aeromoça, Deena Burnett sempre fora instruída a não reagir em casos de seqüestros. Por isso, não gostou nem um pouco da idéia do marido.

— Por favor, Tom, não faça isso — ela pediu. — Fica quieto, parado. Senta num canto qualquer. Não chame atenção sobre você.

— Não, Deena. Você não está entendendo. Se eles vão derrubar o avião, nós temos que fazer alguma coisa.

Deena não concordou nem discordou do argumento.

— Eu amo você, Tom — foram suas únicas palavras.

— Eu também — ele disse, antes de desligar.

Como os quatro seqüestradores se concentravam lá na frente — três no interior da cabine de pilotagem, e o quarto, no corredor ao lado da *galley* dianteira, vigiando, de longe, os passageiros através da cortina divisória das classes, entreaberta —, na parte dos fundos da econômica podia-se conspirar à vontade.

Seria impossível desencadear um ataque-surpresa, como o que sofreram. No momento em que atingissem a primeira classe e avançassem pelo corredor estreito em direção à cabine, os terroristas os enfrentariam. Se a tal bomba fosse mesmo uma bomba (a maioria dos reféns não acreditava nessa hipótese), morreriam todos. Como também morreriam se nada fizessem. Portanto, não se tratava de uma escolha das mais difíceis.

O importante era definir uma estratégia de combate. Como eram muitos (jovens, fortes, lutadores, esportistas), contra apenas quatro, armados de estiletes, canivetes e pequenas facas, mesmo que um ou dois ficassem feridos, ou até morressem, na retomada do avião, se não houvesse uma bomba a bordo as chances de sucesso do grupo eram bem razoáveis.

Além dos seqüestradores e reféns do UAL93, no tabuleiro de xadrez daquela manhã na Costa Leste outras peças eram importantes: dezenas de caças da Força Aérea que agora se encontravam no ar, armados de mísseis. Mas nenhum dos pilotos de combate recebera ainda instruções para abater um avião de passageiros.

Mais uma vez, a comissária Sandy Bradshaw conversava com o marido Phil, piloto da US Air, em Greensboro, Carolina do Norte. Informava-o sobre os planos de ataque aos seqüestradores:

— Estou aqui na *galley*, fervendo água. Pra usar contra eles. Você tem alguma sugestão?

Phil tentava esconder sua angústia. Aquilo tudo lhe parecia muito amador.

— Água fervendo? Ótimo — ele respondeu, sem firmeza na voz. — Mas, Sandy, quem é que vai pilotar o avião depois que vocês...

Ela o interrompeu:

— Tem dois caras aqui que...

É óbvio que simplesmente matar, ou pôr fora de combate, os quatro seqüestradores de nada serviria aos passageiros e comissários sobreviventes se não houvesse alguém a bordo que pilotasse e pousasse a aeronave.

Tudo indica que esse processo seletivo tenha ocorrido assim que os reféns pensaram na hipótese de reagir. E, no contexto de um raciocínio lógico, a escolha só pode ter recaído em Donald Greene e Andy Garcia.

Greene, 52, além de ser fabricante de instrumental de aviação (incluindo equipamentos do Boeing 757), pilotava desde os 14 anos de idade e possuía um brevê comercial. Garcia, dez anos mais velho, também era piloto (licença tirada em 1992) e fora controlador de tráfego aéreo.

Juntos, recebendo pelo rádio instruções de um comandante de 757 e, quem sabe, escoltados por outro avião, teriam boas chances de aterrissar em alguma pista grande. O combustível do vôo 93 dava para mais cinco ou seis horas de vôo. A manobra de pouso poderia ser ensaiada, mesmo bem acima do nível do solo, várias vezes.

Nada disso seria possível se, antes, não tomassem posse da aeronave.

Depois de discutirem diversas hipóteses, resolveram que o *trolley* (carrinho de bebidas e de refeições) seria usado como aríete. Serviria para abrir a porta da cabine de comando e também como escudo contra as facas dos seqüestradores.

Enquanto o ataque era decidido, diversos reféns falavam com suas famílias.

Usando o celular de Lauren Grandcolas, Liz Wainio, do Discovery Channel, terminava de conversar com sua madrasta, Esther, em Baltimore.

— Mãe, eles vão atacar a cabine.

Esther não respondeu. Limitou-se a soluçar.

— Estou deixando meu corpo e indo embora — Liz se resignou.

Tom Burnett ligou para Deena pela quarta e última vez.

— Estamos decidindo como agir, pra tomar o avião.

Deena engoliu em seco.

— Eu amo você — era só o que ela conseguia dizer.

— Está chegando a hora, querida. Vou ter que desligar.

Enquanto falava com sua mulher, Lyz, na casa dos pais dela, o gerente de vendas e lutador de judô Jeremy Glick ora se mostrava otimista, ora parecia certo de que iria morrer.

— O cara que está com a bomba é pequeno. Não é páreo pra mim. — Jeremy forçou um sorriso.

— Com cer... Com certeza... querido — cada sílaba era difícil para Lyz Glick.

— Se eu não conseguir sair daqui — ele disse —, quero que você me prometa que a Emmy — filha de dois meses do casal — um dia vai saber o quanto eu a amei e... e o quanto eu amo você.

— Claro, meu amor, claro, mas... — Lyz não concluiu a frase.

— Sabe, você ainda é a minha namorada do colégio. Não era pra minha vida acabar desse jeito.

De repente, a voz de Jeremy mostrou-se confiante. Lyz percebeu que havia outras pessoas ao lado do marido.

— Tudo bem — ele concluiu. — Nós vamos pegá-los. Fique aí na linha. Eu volto logo.

Em vez de responder, Lyz passou o telefone para seu pai, Richard Makely, e correu para o banheiro.

O executivo da Oracle, Todd Beamer, continuou conversando com Lisa Jefferson, supervisora da Verizon, empresa concessionária do *airphone*.

— Eu e outros passageiros vamos invadir o *cockpit* — informou ele. — Caso a gente falhe... caso a gente falhe, quero que você ligue para minha mulher. O nome dela é Lisa. Lisa Beamer. Nós moramos em Cranbury, Nova Jersey.

A supervisora, que até então dera apenas seu sobrenome, Jefferson, respondeu:

— Meu nome também é Lisa. Veja, Todd, posso fazer a conexão com sua casa agora. Poderá falar diretamente com sua mulher.

A tentação de falar com Lisa foi forte e Todd Beamer permaneceu indeciso por alguns instantes.

— Não — disse finalmente. — Não. Ela está grávida de cinco meses. Além disso, está sozinha com nossos filhos pequenos. Não, obrigado. Só quero que você me prometa que irá telefonar para Lisa e dizer a ela o quanto a amo e o quanto amo os meninos. É só isso que eu peço.

Depois de fazer a promessa, Lisa Jefferson ficou em silêncio. Alguém na sala de operações da Verizon disse que um terceiro avião acabara de se chocar contra o Pentágono.

— Lisa, Lisa, você ainda está aí?

— Estou — a supervisora respondeu. — Não irei a lugar nenhum. Estarei aqui enquanto você estiver na linha.

Desde sua viagem a Roma, na semana anterior, Todd Beamer lia um best-seller de suspense, do autor Tom Clancy. Muito religioso, seu marcador de página era um cartão com o Salmo 23. Todd pegou o livro na pasta, puxou o marcador e disse para Lisa Jefferson:

— Eu sei que não sairei vivo dessa. Você se importaria de recitar um salmo comigo?

— Claro que não, Todd.

Ele começou:

— "O Senhor é meu pastor, nada me faltará."

— "O Senhor é meu pastor, nada me faltará." — Lisa repetiu.

— "Deitar-me faz em verdes pastos, guia-me mansamente a águas tranqüilas."

— "Deitar-me..."

Tal como dissera, Jeremy Glick deixou a linha aberta. Seu sogro, Richard Makely, ficou na escuta, ouvindo uma mistura de vozes nervosas e ruído de passadas rápidas. Richard disse para a mulher, JoAnne:

— Eles estão fazendo alguma coisa.

Surgiram então uns gritos, ao fundo da ligação. Depois, mais silêncio, seguido de mais gritos.

Na 10ª fila da classe econômica, Beamer continuou recitando o Salmo 23 com Lisa Jefferson:

— "Ainda que eu andasse pelo vale da sombra da morte, não temeria mal algum, porque Tu estás comigo; a tua vara e o teu cajado me consolam."

Enquanto balbuciava o salmo, Lisa percebeu as vozes de outros passageiros, ao fundo, também rezando. Até que Todd Beamer parou de recitar e disse para alguém que passava:

— Vocês estão prontos? Então vamos nessa (*Let's roll*).

Jamais se saberá exatamente quem lutou contra os terroristas. Mas pode-se supor que Jeremy Glick, campeão de judô e praticante de luta livre, Tom Burnett (que disse a Deena que iria participar do ataque), Mark Bingham, jogador de rúgbi, Todd Beamer, Richard Guadagno, que freqüentava cursos de defesa pessoal do FBI, Louis Nacke, levantador de pesos, CeeCee Lyles, ex-policial, Sandy Bradshaw, que fervera água na *galley*, e Linda Gronlund, faixa marrom de caratê, tenham participado da luta.

É igualmente sensato deduzir que Donald Green e Andy Garcia ficaram de fora, para não correr nenhum tipo de risco, já que eram os únicos com alguma aptidão para pilotar o jato.

Às 9h45, o UAL93 sobrevoava um trecho sinuoso do Monongahela, um dos poucos rios grandes dos Estados Unidos que correm para o norte. Por volta dessa hora, os dois microfones do CVR, as pessoas na escuta das linhas telefônicas abertas com a aeronave e os controladores de vôo passaram a captar uma miscelânea de vozes em inglês e árabe, misturadas ao zumbido estridente e irregular das turbinas e às pancadas do *trolley* na porta do *cockpit*.

Foram preces, lamentos, súplicas, impropérios, gemidos de desespero e mensagens de despedida dos passageiros, tripulantes e seqüestradores do vôo 93.

— Nos ajude, por favor — disse alguém.

— Nós não temos outra escolha — disse outro.

— Estamos caindo — a comissária CeeCee contou para o marido, o policial Lorne Lyles, que finalmente atendeu o telefone da casa, em Fort Myers.

— O ataque vai começar — Sandy Bradshaw, colega de CeeCee, avisou Phil.

— Pegue o machado! Eles vão ficar com medo — ordenou uma voz, em árabe.

— No *cockpit*! — o CVR registrou, em inglês.

— Segure a porta! — em árabe.

Os dois idiomas se alternavam, se misturavam, se sobrepunham.

— Vamos pegá-los! (*Let's get them.*) *Allahu Akbar!* (Alá é o maior.)

— Corte o oxigênio! Bloqueie a porta! Vamos terminar? Ainda não! Agora, empurra! Alá é o mais gracioso! — tudo em árabe.

— Me dá! Estou ferido! Junta tudo! Levanta, levanta! Para o *cockpit*! Senão a gente morre — tudo em inglês.

A caixa-preta registrou também o barulho de pancadas fortes, de coisas se quebrando, de gritos de medo, gritos de incentivo, gritos de intimidação, gritos de luta pela vida, gritos de luta pela morte.

Se o CVR registrou as vozes das pessoas, o FDR registrou o comportamento da aeronave. Após Ziad Jarrah ter desligado o piloto automático, o vôo 93 mergulhou, se aproximando perigosamente de Mach 1 (velocidade do som), subiu, quase estolando (perdendo a sustentação), inclinou as asas fortemente para um lado, depois para o outro.

Jarrah fez tudo para desequilibrar os atacantes.

Nenhum dos lados venceu a batalha. Ziad Jarrah e seus três homens não conseguiram ir para Washington. Os passageiros e as comissárias não se apossaram dos comandos do UAL93.

Pelo FDR ficou claro que, a partir das 10h00min08s, o United 93 não fez outra coisa a não ser mergulhar, sobre uma região agrícola da Pensilvânia, fazendo curvas violentas para um lado e para o outro e chegando a voar de dorso (de cabeça para baixo). Vendo que não conseguiriam sustentar a luta por muito tempo, os seqüestradores decidiram derrubar o vôo 93.

Nos últimos minutos do vôo, Andy Garcia telefonou, pelo celular, para sua mulher, em Portola Valley, na Califórnia. Mas Andy só conseguiu dizer o nome dela:

— Dorothy...

A ligação caiu.

Às 10h02min03s, o CVR registrou um dos seqüestradores gritando, em árabe, para Ziad Jarrah:

— Joga no chão! Joga no chão!

Vieram então, mais uma vez, os indefectíveis "*Allahu Akbar*", nove vezes em seguida. E, ao som deles, exatamente às 10h03min11s o vôo 93 da United Airlines, que saíra do Aeroporto Internacional de Newark uma hora e vinte minutos antes, espatifou-se, a 930 km/h, na orla de um bosque em Shanksville, Pensilvânia, a 20 minutos de vôo do

Capitólio, abrindo, entre as árvores, uma cratera de 20 metros de profundidade.

Na hora da queda, as últimas filas de poltronas da cabine da classe econômica já estavam quase vazias. Mas diversas linhas de celulares e do *airphone* permaneceram abertas para o mundo lá fora até o segundo final. Em Oakbrook, Illinois, Lisa Jefferson, supervisora da Verizon Airphone, atenta a qualquer ruído, simplesmente não ouvia mais nada.

Nas montanhas Catskill, estado de Nova York, Richard Makely, pai de Lyz e sogro de Jeremy Glick, escutou, antes do silêncio abissal, gritos que lhe lembraram pessoas em uma montanha-russa. Sem coragem de desligar o telefone, ele o passou para sua mulher, JoAnne.

Lyz voltava do banheiro, onde estivera vomitando. Ele simplesmente abraçou a filha.

— Acha que ele está morto? — ela perguntou.

Richard Makely limitou-se a apertar o abraço.

Shanksville, Pensilvânia

Na cabine de um monomotor, o casal de pilotos Bill Wright e Holly Joiner, ela nos comandos, ele ao rádio, se preparava para pousar em um aeroporto qualquer, cumprindo ordens da FAA, que punha em prática o Ground Stop — esvaziar, de aviões civis, os céus dos Estados Unidos.

Trezentos quilômetros a noroeste, um controlador do Centro Cleveland percebeu, em sua tela de radar, que o sinal do pequeno avião se deslocava nas proximidades dos *blips* primários de radar emitidos pelo vôo 93.

— Você consegue ver um jato comercial a nor-noroeste? — ele perguntou, ansioso, a Wright.

— Positivo — respondeu o piloto. — Ele está a umas 3 milhas (4,8 quilômetros) de distância.

— A que altitude? — quis saber Cleveland.

— Uns 300 metros acima de nós — disse Wright. — Podemos vê-lo claramente. É um 757 da United.

Em segundos, Holly e Bill perceberam que o jato não seguia uma trajetória normal. Pareceu iniciar uma curva para a esquerda, como se estivesse mudando de rumo. Mas voltou para a direita, e para a esquerda de novo. Sempre balançando as asas. Ficou claro ao casal que o Boeing voava erraticamente, como se um louco o estivesse pilotando.

— Está balançando as asas, de modo brusco — Bill completou a informação.

— Tudo bem, agora saia de perto dele — ordenou o controlador, nervosamente. — E pouse no aeroporto mais próximo.

Enquanto o monomotor se afastava do vôo 93, Cleveland avisou ao Centro de Comando da FAA, em Herndon, na Virgínia, e este ao quartel-general da instituição, em Washington, que uma aeronave vira o vôo 93 voando de modo aparentemente descontrolado.

Os tripulantes de outro avião também testemunharam os últimos momentos do vôo 93. Tratava-se de um Hércules C-130, da Força Aérea, de transporte de cargas, que, por incrível coincidência, assistira, 26 minutos antes, ao choque do vôo AAL77 contra o Pentágono.

Mais tarde, após a queda do UAL93 contra o bosque de Shanksville, condado de Somerset, um jatinho executivo Fairchild 20, à procura de um lugar para pousar, desceu de 37 mil pés (11.300 metros) até 5 mil (1.500 metros) para localizar o ponto exato da queda do avião e passar as coordenadas do desastre para as equipes de socorro.

Nos momentos que precederam a queda, e enquanto se desenrolava a luta pela posse dos controles do avião, o United 93 esteve ao alcance dos mísseis ar-ar do F-16, da Base Aérea de Langley, que havia rompido a barreira do som sobre o sul da Pensilvânia, evento assinalado pelos sismógrafos.

Após ter interceptado o vôo 93, o caça fez uma curva de 180°, reduziu a velocidade para níveis subsônicos e iniciou uma perseguição direta. Toda a movimentação foi acompanhada por um controlador de vôo do Centro Boston, em Nashua, New Hampshire.

A única razão pela qual o UAL93 não foi abatido pela Força Aérea foi a ausência de ordens expressas nesse sentido, que só poderiam ser dadas pelo presidente George W. Bush. Isso só veio a acontecer às 10h05, dois minutos após a queda do Boeing.

Mesmo que seus passageiros e comissárias não tivessem tomado a iniciativa de atacar os seqüestradores, que optaram por derrubar o avião, o vôo 93 jamais alcançaria o Capitólio. Com a ordem de Bush, o jato da United teria sido derrubado ao se aproximar de Washington. Além do F-16 que o perseguia, dezenas de caças da Base Aérea de Andrews patrulhavam os céus da cidade, agora com instruções claras e expressas de derrubar aviões comerciais em atitude de ataque.

O atraso na decolagem em Newark salvou o prédio do Congresso. Ficaram faltando 125 milhas (200 quilômetros) para Ziad Jarrah, que seriam cobertas em vinte minutos. Para sorte de Bush, e da Força Aérea, não foi necessário derrubar um avião civil americano com pessoas inocentes a bordo. Mas, se isso tivesse acontecido, o número de mortes do 11 de setembro não teria sido menor, uma vez que o choque do UAL93 contra o bosque não fez vítimas no solo.

A queda do vôo 93 da United Airlines foi testemunhada por diversas pessoas. Todas foram unânimes em declarar que o avião não expelia fumaça em seu mergulho final. Portanto, nenhum míssil o atingiu. Isso, mais tarde, seria confirmado pela leitura da caixa-preta (CVR e FDR), recuperada das profundezas da cratera aberta no bosque.

Terry Butler, uma dessas testemunhas, é um homem de aparência exótica, semelhante a essas figuras folclóricas que percorrem as estradas, em grupos, pilotando motos Harley-Davidson. Muito forte, cabelos ligeiramente grisalhos, usa brincos e camiseta sem mangas. Em seu braço cabeludo há uma enorme tatuagem.

Butler, na verdade, é um solitário. Trabalha, por conta própria, num depósito de carros usados, um desmanche em Stoystown, 10 quilômetros ao norte de Shanksville. Os fatos daquela manhã trágica não eram de sua conta. Enquanto tudo acontecia, sua cabeça estava mergulhada no interior do capô de um carro, onde suas mãos, sujas de graxa, trabalhavam no motor.

Mas, se Terry Butler não quis saber do 11 de setembro, o 11 de setembro foi até ele. De dentro do capô, ele ouviu o ruído estridente das turbinas do UAL93. Saiu da toca e virou-se a tempo de olhar para o sul e ver o avião mergulhando e desaparecendo no bosque, em meio a um estrondo.

Outra pessoa que viu a queda foi um homem chamado Ron Buxton. Às 10h02 da manhã, ele tomou o maior susto de sua vida. Buxton passava uma camada de tinta branca num tanque de produtos químicos, na parte externa da fábrica onde trabalhava, na área rural do condado de Somerset, quando o vôo 93 passou, rugindo, e voando de dorso, a poucos metros de sua cabeça.

Depois de recuperar sua atitude normal de vôo, o 757 subiu reto. Mas logo voltou a descer, embicado em direção ao solo. Foi cair no bosque, um pouco adiante. Após o estrondo da explosão, Buxton viu erguer-se, do local, uma coluna de fumaça.

Em San Ramon, Califórnia, Deena Burnett, sempre segurando o telefone sem fio, aguardava, agoniada, o quinto telefonema do marido Tom.

À esquerda: o passageiro do vôo 93 Todd Beamer pronunciou as palavras que se tornaram o símbolo da resistência do UAL93: "Let's roll."
À direita: o executivo Tom Burnett conseguiu conversar com sua mulher, Deena Burnett, quatro vezes durante o seqüestro.

Última lembrança

Tentando fugir da tragédia que desabava sobre sua família, Deena Burnett prosseguiu em sua rotina doméstica. Preparou as três filhas para a escola, trocando suas roupas e penteando seus cabelos. Serviu-lhes o café-da-manhã. Tudo isso sem largar o telefone sem fio, como se desse elo dependesse a vida de Tom. Ligou para uma vizinha e pediu-lhe que levasse as meninas para o colégio.

A televisão da casa permaneceu ligada e noticiou a queda de um avião da United Airlines numa área rural do sul da Pensilvânia. Deena, sozinha na sala, chorou convulsivamente. Mas manteve o telefone nas mãos.

Logo após a primeira chamada de Tom, a bordo do vôo 93, mais de meia hora antes, Deena, a pedido dele, havia informado a polícia sobre o seqüestro do vôo 93. Em conseqüência desse aviso, às 7h20 da manhã (10h20 na Costa Leste), um policial se apresentou na casa dos Burnett.

— Infelizmente, tenho más notícias para a senhora — ele disse. E revelou que o quarto vôo que tinha caído era o United 93.

As forças de Deena desapareceram e ela quase desmaiou. Precisou ser amparada pelo policial.

Na tela da TV, apareciam agora as imagens da cratera aberta pelo Boeing na orla do bosque em Shanksville.

— Outro avião caiu, num local 80 milhas ao sul de Pittsburgh — confirmou o âncora Aaron Brown, da CNN.

Deena sabia que era impossível alguém ter sobrevivido àquilo. Mas não largou o telefone.

Só três horas mais tarde, quando a carga do aparelho se esgotou, ela viu nisso um sinal de que Tom estava morto.

Apesar da meticulosidade do trabalho das equipes de resgate, do empenho dos legistas e dos testes de DNA, nenhum fragmento do corpo de Tom Burnett pôde ser localizado na cratera. Na cerimônia fúnebre, realizada no final de setembro, não houve corpo nem caixão.

Só muitas horas após a queda do vôo 93, o policial Lorne Lyles, em Fort Myers, Flórida, ligou a secretária eletrônica e ouviu a fita com o primeiro telefonema de CeeCee.

— Eu espero ver seu rosto de novo — ela deixou gravado.

Com a morte de CeeCee Lyles, sua família se foi também. Os dois filhos que ela havia tido quando solteira foram morar cada um com seu pai. E os de Lorne, com a ex-mulher dele.

As seis pessoas da casa se reduziram a uma.

— Eu me sinto sozinho e desesperançado — Lorne costuma dizer. — Minha profissão é proteger as pessoas, mas nada pude fazer pela minha mulher.

Alice Hoglan se viu obrigada a encerrar as atividades da empresa de relações públicas do filho, Mark Bingham. Demitiu os empregados, desativou o escritório, vendeu os móveis e utensílios. Antes de levar os computadores, ligou um deles:

— Sejam bem-vindos ao grupo Bingham — surgiu o letreiro do protetor de tela.

Mark tornou-se um ícone da comunidade gay de São Francisco. Amigos fizeram um pequeno memorial, uma espécie de altar, em sua homenagem, nas proximidades de Castro Street. O modesto e despretensioso time amador de rúgbi do San Francisco Fog's passou a ser conhecido nacionalmente.

Em Washington, Donn Marshall, que deixara os filhos na creche do Pentágono antes de seguir para seu escritório em Crystal City, encontrou as crianças ilesas, após o choque do AAL77 contra a fachada oeste do prédio. Mas Donn não achou sua mulher, Shelley, cuja sala ficava exatamente na zona de impacto do avião.

Donn procurou em todos os hospitais e nada. No necrotério, nada. Só na sexta-feira, dia 14 de setembro, o corpo de Shelley foi localizado em meio aos escombros da ala oeste.

Ron di Francesco não saiu da sala de operações da Euro Brokers no 84º andar da Torre Sul apenas para não perder a abertura dos mercados. Subiu em vez de descer, após o choque do UAL175. Esbarrou no acesso ao terraço fechado. Conseguiu, já na volta, atravessar a zona de impacto. Foi uma das últimas pessoas a sair da torre, sendo atingido na rua por uma bola de fogo, quando o prédio caiu. Só foi acordar seis dias depois, na UTI de um hospital.

Apesar de um corte profundo na cabeça e de queimaduras de terceiro grau, sofridas durante a travessia do incêndio, Ron di Francesco sobreviveu para narrar sua epopéia.

Das mais de 2.500 pessoas que morreram nas Torres Gêmeas, pouquíssimos fragmentos de corpos puderam ser localizados. E nem sinal das caixas-pretas dos vôos AAL11 e UAL175. O grau de destruição foi tão grande que as equipes de resgate não encontraram mesas, cadeiras, teclados de computador, telefones. O máximo que se conseguiu recuperar foram objetos pequenos, tais como uma tampa plástica de caneta calcinada ou um clipe entortado.

O World Trade Center transformou-se em pó.

Ellen Mariani, que se separara do marido Louis Neil Mariani em Boston, para reencontrá-lo em Los Angeles — pois haviam adquirido bilhetes em vôos diferentes (ele no UAL175) —, passou a noite do dia 11 de setembro em Chicago. E as noites seguintes também. O Ground Stop (cancelamento e paralisação de todos os vôos) a reteve no aeroporto Midway.

Para agravar a angústia de Ellen, o dinheiro, os talões de cheques e os cartões de crédito do casal ficaram com o marido, que desapareceu na Torre Sul do WTC.

Como não conhecia ninguém em Chicago, Ellen foi dormir numa casa mórmon de caridade, onde chorou, sozinha, a perda do marido.

Meses mais tarde, num grande acordo homologado pela Justiça, cada família das vítimas do 11 de setembro teve direito a uma indenização, paga pelo governo, no valor de 2 milhões de dólares. Ellen Mariani recusou-se a assiná-lo. Processou a United Airlines, o presidente George W. Bush, o vice Dick Cheney, a assessora de Segurança Nacional Condoleezza Rice e várias outras autoridades. Motivo: negligência ao permitir o embarque, nos quatro vôos, de terroristas cujos nomes constavam das listas de suspeitos (*watchlist*), além de portarem estiletes, canivetes e facas.

Ao longo desse processo, que ainda não foi julgado, Ellen Mariani tornou-se uma celebridade. Existem, no momento, 314 mil sites na Internet sobre ela e sua causa.

Após a tragédia do vôo UAL93, Lisa Beamer, mulher de Todd Beamer, executivo da Oracle, viveu um segundo drama que se acrescentou ao da perda do marido. Ao longo da semana, começaram a surgir na mídia diversas histórias sobre passageiros e tripulantes que, do interior do vôo 93, ligaram para seus parentes e amigos, nos 35 minutos que separaram o seqüestro da queda.

Essas reportagens davam conta de atitudes heróicas, de homens e mulheres que enfrentaram os terroristas. Mas nada surgiu sobre Todd.

Lisa Beamer começou a se indagar:

"Se outros telefonaram para casa, por que será que Todd, uma pessoa que passava o tempo todo falando ao celular, não fez isso? Por que não ligou para mim?"

"Talvez ele tivesse sido um dos primeiros a morrer, por ocasião do ataque dos terroristas", era uma explicação razoável.

Lisa Beamer, já sem um corpo para sepultar, não tinha, como tantos outros parentes das vítimas, uma lembrança dos últimos momentos do marido. Não saberia jamais o que ele fizera, nem o que havia deixado de fazer. Os 35 minutos finais de Todd Beamer seriam uma incógnita eterna, enterrada nas profundezas da cratera de um bosque da Pensilvânia.

Só na sexta-feira, dia 14 de setembro, o mistério foi esclarecido. Através do Serviço de Relações Públicas da United Airlines, Lisa ficou sabendo que o FBI guardava um relatório, com o resumo de uma conversa, de 18 minutos, travada entre Todd e Lisa Jefferson, uma supervisora da Verizon Airphone.

Na manhã de sábado, dia 15, Lisa Beamer telefonou para Lisa Jefferson. Descobriu então que o marido não ligara para casa para não assustá-la, soube da recitação compartilhada do Salmo 23 e das últimas palavras de Todd, "*Let's Roll*", que se tornariam o símbolo da resistência a bordo do vôo 93.

A conversa de Todd com Lisa Jefferson não foi a última lembrança deixada pelo *workaholic* da Oracle, fã de Michael Jordan. Isso ficou por conta de Morgan Kay Beamer, 3 quilos e 180 gramas, nascida no dia 9 de janeiro de 2002, exatamente 120 dias após a morte do pai.

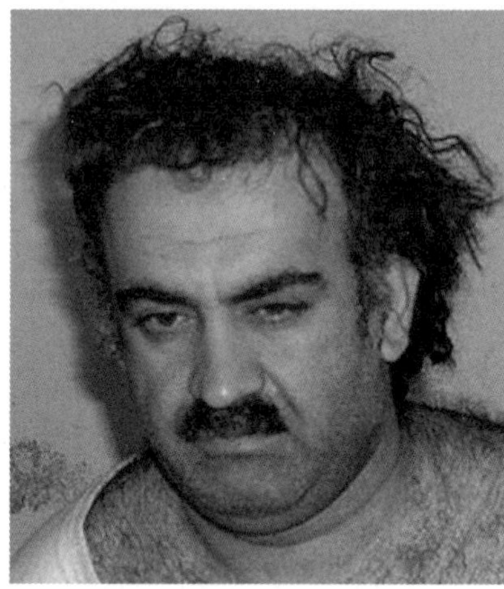

À esquerda: na foto dos arquivos do FBI, vê-se o passaporte calcinado de Ziad Jarrah, recuperado dos destroços do UAL93, com seu rosto e nome bem visíveis.
À direita: Khaled Sheik Mohamed, o KSM, planejador dos ataques do 11 de setembro, logo após sua prisão, em 2003.

EPÍLOGO

Duas horas depois que a turca Aysel Senguen recebeu o último telefonema de seu noivo, Ziad Jarrah, que ligou para ela do Terminal A do Aeroporto de Newark, a notícia de que uma das torres do World Trade Center, em Nova York, acabava de ser atingida por um avião começou a circular pelo hospital, na Alemanha, onde Aysel extraíra as amígdalas. Pacientes, médicos e enfermeiras se aglomeraram em frente a um aparelho de televisão.

Veio o ataque à segunda torre e, pouco mais tarde, anunciou-se o do Pentágono. Finalmente surgiu a informação de que o vôo 93 da United Airlines caíra na Pensilvânia.

Aysel não fazia a menor idéia de que Ziad estava envolvido nos episódios, muito menos, é claro, que pilotava um dos quatro aviões. Assustou-se com as notícias não mais do que as pessoas ao lado dela.

Nos Estados Unidos, o FBI levou poucas horas para identificar Ziad Jarrah como um dos seqüestradores do vôo 93 e apenas mais algumas para deduzir que ele era o piloto do jato. Suas fichas de vôo foram rapidamente recolhidas na escola de aviação em Venice, Flórida. Seus instrutores, ouvidos pelos agentes.

Poucos dias mais tarde, o passaporte de Jarrah foi encontrado em meio aos destroços da clareira em Shanksville. Embora o documento estivesse bastante queimado, três quartos da foto do jovem libanês foram recuperados intactos.

Na Alemanha, ao longo do dia 12, Aysel estranhou o fato de Ziad não ter ligado para ela. Se ele raramente ficava um dia sem fazer isso, quanto mais num momento como aquele. Tentou chamá-lo no celular e ouviu apenas a mensagem de desligado ou fora de área.

Só na quinta-feira ela recebeu a carta de despedida do noivo, escrita no dia 10, na qual ele dizia, entre outras coisas, que estaria no Paraíso no momento em que ela a lesse. O mundo de Aysel Senguen desmoronou.

Enquanto isso, o FBI, tendo descoberto que três dos quatro pilotos-seqüestradores haviam morado em Hamburgo, pediu auxílio à Polícia Federal Criminal alemã, BKA, cujos investigadores saíram em busca de cúmplices dos atentados. Aysel foi retirada de casa, por agentes da BKA, com a cabeça coberta por um pano, para que seu rosto não saísse nos jornais.

Depois de exaustivos interrogatórios, nos quais explicou seu relacionamento com Ziad e sua viagem aos Estados Unidos, Aysel Senguen foi inocentada de qualquer participação no 11 de setembro.

Em Beirute, no Líbano, Samir Jarrah, pai de Ziad, soube da morte do filho, no vôo 93, pela imprensa. Samir não se conformou com a versão oficial das investigações e jurou, tal como jura até hoje, que seu filho era inocente. Disse que nunca o ensinara a odiar ninguém.

Nos meses e anos que se seguiram, houve uma caçada humana, sem precedentes em intensidade e extensão geográfica, aos integrantes da al-Qaeda em geral e aos envolvidos nos atentados em particular.

O egípcio Mohamed Atef, chefe de operações militares da al-Qaeda, homem que dirigiu, nos campos de Kandahar, o treinamento dos 19 pilotos e comandos, foi morto no dia 14 de novembro de 2001, ao sul de Cabul, durante um bombardeio americano.

O iemenita Ramzi Binalshibh, um dos líderes da célula de Hamburgo, que só não participou dos ataques porque não obteve visto de entrada nos Estados Unidos, foi preso em Karachi, no dia do primeiro aniversário do 11 de setembro, após uma troca de tiros com a polícia paquistanesa.

Sem nenhuma formalidade jurídica, Binalshibh foi imediatamente entregue aos Estados Unidos, que o mantêm em local ignorado. O relatório oficial da Comissão de Investigações do Congresso americano registra 39 interrogatórios de Binalshibh, nos quais ele revela todos os detalhes de sua participação.

Abdul Hakim Murad, primeiro a ter a idéia de usar aviões como mísseis, e que fora preso e torturado nas Filipinas, já tinha sido transferido para os Estados Unidos em 12 de abril de 1995. Julgado e condenado à prisão perpétua, encontra-se na penitenciária de segurança máxima Supermax, em Florence, no estado do Colorado, a mesma na qual está Ramzi Yousef, *O Químico*, autor do atentado a bomba ao World Trade Center, em 1993.

Omar Abdel Rahman, o *Sheik Cego*, também cumpre pena de prisão perpétua numa penitenciária americana.

O franco-marroquino Zacarias Moussaoui — que seria o quinto piloto do 11 de setembro se não tivesse sido preso, em Minnesota, pelo FBI, menos de um mês antes dos atentados — foi destaque na mídia mundial pouco antes do fechamento dos originais deste livro, em 2006.

Moussaoui foi condenado, por um júri reunido em Alexandria, Virgínia, a passar o resto de sua vida em uma solitária, sentença que também será cumprida na prisão federal Supermax, no Colorado. Durante o julgamento de Moussaoui, a transcrição do CVR (caixa-preta) do vôo 93 tornou-se pública.

Khaled Sheik Mohamed, o lendário KSM, foi localizado na noite do dia 1º de março de 2003, numa operação conjunta da CIA e da polícia secreta paquistanesa. Os agentes o surpreenderam, dormindo, em uma casa na cidade de Rawalpindi, ao sul de Islamabad, e o levaram para uma base militar americana no Afeganistão. A foto de um Khaled Sheik Mohamed gordo, descabelado e suarento foi amplamente divulgada na ocasião.

Do Afeganistão, KSM foi primeiro conduzido para uma prisão na Jordânia, depois para local não revelado. Tornou-se o maior colaborador das investigações sobre o complô do 11 de setembro. No texto do relatório oficial constam 72 menções a respostas dadas por KSM em interrogatórios conduzidos pela CIA.

Segundo o advogado John Sifton, pesquisador da organização Human Rights Watch, de defesa dos direitos humanos, as confissões e informações de Khaled Sheik Mohamed foram obtidas sob tortura, principalmente o suplício de afogamento, conhecido como waterboarding, que não deixa marcas exteriores. Afoga, ressuscita, afoga, ressuscita, afoga...

Após o 11 de setembro, Osama bin Laden tornou-se o Inimigo Público nº 1 dos Estados Unidos da América. Mas, até agora, não foi encontrado, nem vivo nem morto, ao contrário do que proclamavam os cartazes do Velho Oeste citados pelo presidente George W. Bush em um dos seus pronunciamentos pela TV.

Na tarde daquela terça-feira que mudou a História, Osama bin Laden encontrou-se, em um esconderijo afegão, com um homem chamado Shaykh. A cena foi filmada e exibida, meses depois, pela emissora de televisão Al-Jazeera, do Qatar.

— Eles atingiram em cheio o World Trade Center — o normalmente contido Bin Laden não escondia sua satisfação.

— Alá seja louvado — disse Shaykh.

— Em nosso cenário mais otimista, calculamos destruir os escritórios em quatro andares das torres — confessou o *Samaritano*.

— Alá seja louvado — repetiu Shaykh.

Na terça-feira de 11 de setembro de 2001, o presidente George W. Bush só regressou a Washington no final da tarde. Antes disso, percorreu, de modo errático, boa parte do país. Por indicação de seus assessores militares, e do pessoal do Serviço Secreto, Bush, depois de sair de Sarasota, Flórida, para Barksdale, na Lousiana, onde ficou pouco tempo, voou para a Base Aérea de Offutt, no estado de Nebraska, cujas instalações subterrâneas foram criadas, durante o período da Guerra Fria com a União Soviética, para o presidente dos Estados Unidos resistir a um ataque nuclear.

Bush desembarcou em Offutt pouco antes das três da tarde. Foi levado para uma construção de tijolos que, vista pelo exterior, parece um antigo banheiro de fazenda: três paredes, sem janelas, com aproximadamente dois metros e meio de largura cada uma; na quarta, uma portinhola de aço. Bush entrou por ela, que imediatamente foi fechada, pelo lado de fora, por um soldado. Este se afastou para longe. No interior da "casinha", Bush desceu, por uma escada, para o *bunker* atômico.

Enquanto uma nova era, que alguns chamam de guerra de civilizações, se inaugurava, os dois homens mais poderosos deste relato se protegiam em esconderijos, temerosos um do outro, separados por 10 mil quilômetros e 11 fusos horários.

Agradecimentos
(por ordem alfabética)

Ana Lúcia Mendonça

André Sant'Anna

Bill Gibbs

Carsten Ruez

Cecilia Gibbs

Cecilia Roubaud Millions

Gustavo Coelho

Jaime Ferreira

Kristen Wilhelm, Centro de Arquivos do Legislativo, Congresso dos EUA

Leticia Sant'Anna e Silva

Luiz Henrique Bouchardet de Sant'Anna e Silva

Luiz Henrique Souza Lima de Vasconcelos

Maria Cecilia Meirelles

Patricia Maria Woll

Raad Toufic Raad

Roberta Kladt, filha do comandante Kimberly Kladt, da British Airways

Thomas H. Kean, presidente da Comissão de Investigações do 11 de setembro

Valéria Thiré, ex-comissária de bordo da Varig

Deena Burnett, viúva de Thomas (Tom) Burnett Jr., morto no vôo UAL93. Ela reconstituiu, para mim, por e-mail, seus passos no dia 11 de setembro de 2001, além dos diálogos que travou, com seu marido, por telefone, durante os 35 minutos finais do vôo 93.

Fernando Murilo de Lima e Silva, comandante aposentado da Vasp, e meu fraterno amigo, a quem recorri sempre que tive dúvidas a respeito dos detalhes aeronáuticos e dos procedimentos de pilotagem.

Kimberly Kladt, comandante da British Airways (*in memoriam*). Durante parte do trabalho de pesquisas, o comandante Kladt me ajudou a desvendar o que aconteceu a bordo dos quatro vôos do 11 de setembro. Infelizmente, em 2005, sentiu-se mal durante um vôo sobre o Atlântico Norte, vindo a falecer algum tempo depois. Lamento que Kladt, que foi casado com uma brasileira e falava português, jamais venha a ler este livro, com o qual colaborou tanto.

Lyle Miller, comandante aposentado da United Airlines. Na ausência de Kladt, assumiu, ao longo de vários meses, a poltrona da esquerda deste relato. Sem sua ajuda inestimável e desinteressada, *Plano de Ataque* não poderia ter sido escrito.

Documentação e fontes de pesquisas

AGÊNCIAS DE NOTÍCIAS

Associated Press On-line, *Bush Faces Threat at G-8 Summit*, 26/9/01

Associated Press, *Sacodc Family Disassociates Itself from Terrorist' Member*, 19/2/94

Reuters, *Jordan Seizes 13 and Links Them to Afghan Explosives Training, New York Times*, 16/12/99

ARTIGOS DE JORNAIS

Bin Laden's Letter to America, *Observer Worldview*, 24/11/02

Cops Aware of Long-Term Rightwing Muslim Connection, *Manila Times*, 26/4/02

How the Holy Warriors Learned to Hate, Waleed Ziad, *New York Times*, 18/6/04

Louis Neil Mariani, David Heinzmann, *The Chicago Tribune*, 13/9/01

Obituary, Daniel Lewin, *Washington Post*, 22/9/01

DOCUMENTÁRIOS

9/11 – Jules & Gedeon Naudet e James Hanlon – Paramount

American Airlines Flight 11 – David Hickman, Discovery Channel

American Airlines Flight 11 – Christina Bavetta, National Geographic Channel

America Remembers – CNN

Flight 93, America New Heroes – Thomas Johnson

Flight That Fought Back (The) – Discovery Channel

Inside 9/11 – End Game – National Geographic Channel

Inside 9/11 – Osama Rising – National Geographic Channel

Inside 9/11 – Zero Hour – National Geographic Channel

Remember September 11, 2001 – Nine Elleven Productions LLc

Tale of Two Towers (The) – Michael Attwell – Geminivideo TV

EMISSORAS DE TELEVISÃO

ABC News: entrevista de Osama bin Laden com Rahimullah Yousafsai, Afeganistão, 22/12/98

ABC News interview: *To Terror's Source*, 28/5/98

ABC: entrevista do vice-presidente Cheney com Charlie Gibson, 4/9/02

Al-Jazeera: entrevista de Khaled Sheik Mohamed (KSM) com Yosri Fouda, após o 11 de setembro de 2001.

BBC: entrevista do secretário de Defesa com David Frost, 27/6/04

CBC News: *Disclosure, Target Terrorism*, 26/3/02

CBS: *60 Minutes*, 21/3/04

CBS: entrevista de Condoleezza Rice com Scott Pelley, 2/8/02

CBS: entrevista do presidente George W. Bush com Bob Schieffer, 17/4/02

CNN: *CNN Ahead of the Curve*, 13/10/00

CNN: entrevista de Osama bin Laden com Peter Arnett, 20/3/97 (exibida em 9/5/97)

CNN: *September 11: A Memorial*, 2004

CNN: *September 11 Personal Tributes*, 11/10/03

CNN: *September 11 Personal Tributes*, 19/6/04

CNN, *WTC tenants*, 2001

Education Channel: *Raw Footage of Presidente Bush at Emma E. Booker E. School*, 11/9/01

Fox News

NBC

PBS, *Frontline*, *Trail of a Terrorist*, 25/10/01

FILME

The Hamburg Cell – Antonia Bird

JORNAIS

Boston Globe

Christian Science Monitor

Daily Telegraph

Fort Worth Star-Telegram

Los Angeles Times

Manila Times

Pittsburgh Post-Gazette

San Francisco Chronicle

Sarasota Herald-Tribune

Seattle Times

St. Petersburg Times

The Boston Globe

The Chicago Tribune

The Los Angeles Times

The Miami Herald

The New York Times

The Wall Street Journal

The Washington Post

Washington Times

JORNALISTAS E ARTICULISTAS

Andrew C. Revkin, *After the Attacks:The Chemicals...*, *New York Times*, 14/9/01

Bernton, Carter, Heath e Neff, *The Terrorist Within: The Story Behind...*, *Seattle Times*, 23/6/02

Bob Woodward e Dan Balz: entrevista com o presidente George W. Bush, *Washington Post*, 20/12/01

Bob Woodward, entrevista de Condoleezza Rice, *Washington Post*, 24/10/01

Bruce Crumley, *Fighting Terrorism: Lessons from France*, *Time*, 24/9/01

David Baumann, *Accounting for the Deficit*, *National Journal*, 12/6/04

David M. Alpern, Anthony Marro e Stephan Lesher, *This Is Your New FBI*, *Newsweek*, 5/1/76

Dennis Cauchon e Martha Moore, *Miracles Emerge from Debris*, *USA Today*, 6/9/02

Eric Lipton, *A New Weapon for Firefighters*, *New York Times*, 30/5/04

Floyd Abrams, *The First Amendment...*, *University of Pennsylvania Journal of Constitutional Law*

Greg Krikorian, *Detainee Facing Deportation Summoned to Probe*, *Los Angeles Times*, 24/1/03

H. G. Reza, *Deported Friend of Terrorists in Report, Los Angeles Times*, 17/6/04

Howard M. Shapiro, *The FBI in the 21st Century, Cornell International Law Journal*

Hugh Davies, *Saudis Detain Member of Anti-American Terror Group, Daily Telegraph*, 2/8/97

James Risen e David Johnston, *Threats and Responses…, New York Times*, 8/3/03

James Risen, *To Bomb Sudan Plant, or Not: A Year Later, Debates Rankle, New York Times*, 27/10/99

John J. Goldman, *11-Hour Hijack Ends Without Injury in N.Y., Los Angeles Times*, 12/2/93

Judith Miller, *Holy Warriors: Dissecting a Terror Plot from Boston to…, New York Times*, 15/1/01

Judy Pasternak e Stephen Braun, *Emirates Looked Other Way While…, Los Angeles Times*, 20/1/02

Kevin G. Hall, Alfonso Chardy e Juan O.Tamayo, *Mix-Up Almost…, Miami Herald*, 19/9/01

Martin Sieff, *Terrorist Is Driven by Hatred for U.S., Israel, Washington Times*, 12/8/98

Matt Carrol, *Airlines Foiled Police Logan Probe, Boston Globe*

Matt Carrol, *Fighting Terror Sense of Alarm, Boston Globe*

Michael Isikoff, Daniel Klaidman e Jamie Reno, *Failure to Communicate, Newsweek*, 4/8/03

Neil MacFarquhar, *Saudis Support a Jihad in Iraq, Not Back Home, New York Times*, 23/4/04

Patrick J. McDonnell, *Saudi Envoy in L.A. Is Deported, Los Angeles Times*, 10/5/03

Pervez Musharraf, *A Plea for Enlightened Moderation: Muslim..., Washington Post*, 1/6/04

Prince Bandar Bin Sultan, *A Diplomat's Call for War, Washington Post*, 6/6/04

Richard Bernstein, *Germans Free Moroccan Convicted of a 9/11 Role, New York Times*, 8/4/04

Richard Holbrooke, *Get the Message Out, Washington Post*, 28/10/01

Robert Block, *In War on Terrorism, Sudan Struck a Blow…, Wall Street Journal*, 3/12/01

Sam Howe Verhovek e Tim Weiner, *Man Seized with Bomb Parts…, New York Times*, 18/12/99

Steven Thomma e Richard Parker, *U.S. Strikes Afghan, Sudan Sites…, Philadelphia Inquirer*, 21/8/98

Tamara Jones, *11-Hour Hijack Ends Without Injury in N.Y., Los Angeles Times*, 12/2/93

Tim Weiner, *U.S. Hard Put to Find Proof Bin Laden Directed Attacks, New York Times*, 13/4/99

Walter Pincus e Dan Eggen, *Al-Qaeda Link to Iraq May Be Confusion…, Washington Post*, 22/6/04

Youssef M. Ibrahim, *Saudis Strip Citizenship from Backers of Militants, New York Times*, 10/4/94

Livros de maior relevância nas pesquisas

Al-Qaeda, Brotherhood of Terror, Paul L. Williams (Alpha, 2002)

Chief, The Life of Peter J. Ganci, a New York City Firefighter, Chris Ganci (Orchard Books, 2003)

Ground Stop, Pamela S. Freni (iUniverse, Inc., 2003)

Inside Al-Qaeda, Global Network of Terror, Rohan Gunaratna (Berkley Publishing Group, 2002)

Let's Roll!, Lisa Beamer e Ken Abraham (Tyndale House Publishers, Inc., 2002)

Mark Bingham, Hero of Flight 93, Jon Barrett (Advocate Books, 2002)

One Hundred and Two Minutes, Jim Dwyer; Kevin Flynn

Prize: The Epic Quest for Oil, Money and Power (The), Daniel Yergin (Simon & Schuster, 1990)

Rise, Corruption and Coming Fall of The House of Saud (The), Saïd K. Aburish (St. Martin's Griffin)

Road to Al-Qaeda (The), Montasser Al-Zayyat (Dar Misr al-Mahrusa, 2002)

Sleeping with the Devil, Robert Baer (Three Rivers Press, 2003)

Who Killed Daniel Pearl?, Bernard-Henri Lévy (Melville House Publishing, 2003)

Outros livros consultados

1000 Years for Revenge: International Terrorism and the FBI – The Untold Story, Peter Lance

After: How America Confronted the September 12 Era, Steven Brill (Simon & Schuster, 2003)

Against All Enemies: Inside America's War on Terror, Richard A. Clarke (Free Press, 2004)

Agency: The Rise and Decline of the CIA (The), John Ranelagh (Simon & Schuster)

Age of Sacred Terror (The), Daniel Benjamin e Steven Simon (Random House, 2002)

Air War Over America, Leslie Filson

Al-Qaeda al Sulbah (The Solid Foundation), Abdullah Azzam (1988)

Al-Qaeda: Casting a Shadow of Terror (I. B.Tauris, 2003)

Al-Qaeda's Jihad in Europe: The Afghan-Bosnian Network, Evan F. Kohlmann (Berg, 2004)

America in an Arab Mirror, Kamal Abdel-Malek (Palgrave, 2000)

American Jihad, Steven Emerson (Free Press, 2002)

America I Have Seen (The), Sayyid Qutb (1949)

America the Vulnerable..., Stephen Flynn (HarperCollins, 2004)

Among the Heroes – United Flight 93 and the Passengers and Crew Who Fought Back, Jere Longman

Arab Volunteers in Afghanistan (The), Basil Muhammad (1991)

Bin Laden and Islamist Terrorism, Militaert Tidsskrift, Mehdi Mozaffari (2002)

Bush at War, Bob Woodward (Simon & Schuster, 2002)

Cell: Inside the 9/11 Plot (The)..., John Miller, Michael Stone e Chris Mitchell (Hyperion, 2002)

Central Intelligence: Origin and Evolution, Michael Warner (Center for the Study of Intelligence, 2001)

Challenging the Secret Government..., Kathryn Olmsted (University of North Carolina Press, 1996)

Civil Aviation Security Reference Handbook

Cold Warrior: James Jesus Angleton, the CIA's Master Spy..., Tom Mangold (Simon & Schuster)

Commercial Aviation Safety, Alexander T. Wells (McGraw-Hill, 2001)

Dawn We Slept: The Untold Story of Pearl Harbor (At), Gordon Prange (McGraw-Hill, 1981)

Essence of Decision, Graham Allison e Philip Zelikow (Longman, 1999)

Failure of Political Islam (The), Oliver Roy, trad. Carol Volk (Harvard University Press, 1994)

FBI: A Comprehensive Reference Guide (The), Athan G. Theoharis (Onyx Press, 1999)

Flawed by Design: The Evolution of the CIA, JCS and NSC, Amy Zegart (Stanford University Press, 1999)

From the Shadows: The Ultimate Insider's Story... Robert M. Gates (Simon & Schuster, 1996)

Fundamentalism Observed, Martin Marty e R. Scott Appleby, vol. 1 (University of Chicago Press, 1994)

Ghost War, Steve Coll (Penguin, 2004)

Holy War Inc.: Inside the Secret World of Osama bin Laden, Peter, L. Bergen (Touchstone, 2001)

Jihad: The Trail of Political Islam, Gilles Kepel, trad. Anthony Roberts (Harvard University Press, 2002)

Knights Under the Prophet's Banner, Ayman al Zawahiri Memoir (2001)

Losing Bin Laden: How Bill Clinton's Failures Unleashed... Richard Miniter (Regnery, 2003)

Madam Secretary, Madeleine Albright e Bill Woodward (Miramax, 2003)

Milestones, Sayyid Qutb (American Trust Publications, 1990)

Mission: Waging War and Keeping Peace with America's Military (The), Dana Priest (W.W. Norton)

Occidentalism: The West in the Eyes of Its Enemies, Avishai Margalit e Ian Buruma (Penguin Press)

Pakistan: Eye of the Storm, Owen Bennet Jones (Yale University Press, 2002)

Pearl Harbor: Warning and Decision, Roberta Wohlstetter (Stanford University Press, 1962)

Plan of Attack, Bob Woodward (Simon & Schuster, 2004)

Portraits: 9/11/01: The Collected Portraits of Grief, New York Times (Times Books, 2002)

Radical Islam: Medieval Theology and Modern Politics, Emmanuel Sivan (Yale University Press, 1990)

Reorganizing the Joint Chiefs of Staff: The Goldwater-Nichols Act of 1986, Gordon N. Lederman

Serbs: History, Myth and the Destruction of Yugoslavia (The), Tim Judah (Yale University Press, 2000)

So Others Might Live, Terry Golway (Basic Books, 2002)

Soviet War in Afghanistan (The), Mohammed Yahya Nawwroz e Lester W. Grau (1995)

Taliban: Militant Islam, Oil and Fundamentalism in Central Asia, Ahmed Rashid (Yale University Press)

Terrorism and U.S. Foreign Policy, Paul R. Pillar (Brookings Institution Press, 2001)

Threshold of War: Franklin D. Roosevelt... Waldo Heinrichs (Oxford University Press, 1988)

Very Best Men: Four Who Dared: The Early Years of the CIA (The), Evan Thomas (Simon & Schuster)

Victory on the Potomac: The Goldwater-Nichols Act..., James Locher (Texas A&M University Press, 2003)

What Arabs Think: Values, Beliefs, and Concerns James Zogby (Zogby International, 2002)

REVISTAS

Economist, editorial: *Punish and Be Damned*, 29/8/98

Newsweek: Asbestos Alert; How much of the Chemical does the WTC Wreckage..., Erika Check, 14/9/01

Newsweek: entrevista de Condoleezza Rice com Evan Thomas, 1/11/01

Newsweek: entrevista de Lynne Cheney, 9/11/01

Newsweek: entrevista de Scooter Libby, chefe de gabinete de Dick Cheney's, novembro de 2001

NY Cop Online Magazine, World Trade Center Bombing, 12/12/00

Sarasota Magazine

Time Magazine

Vanity Fair

Fontes de relatórios pesquisados
(os nomes foram traduzidos para o português)

American Airlines

BKA (Polícia Criminal Federal da Alemanha)

Casa Branca

Casa Branca (Comissão de Segurança na Aviação)

Centro Internacional de Estudos Estratégicos

CIA

Comissão de Segurança Nacional dos Estados Unidos

Comitê Nacional de Estudos de Terrorismo

Condado de Arlington

Congresso dos Estados Unidos da América

Conselho de Relações Exteriores de Chicago

Conselho Nacional de Comércio Exterior

DEA (Agência Nacional de Combate às Drogas)

DIA (Agência de Inteligência do Departamento de Defesa)

Departamento de Defesa

Departamento de Energia

Departamento de Estado (Gabinete de Assuntos Consulares)

Departamento de Estado (Gabinete de Inteligência)

Departamento de Justiça

Departamento do Tesouro (Gabinete de Álcool, Tabaco e Armas de Fogo)

Departamento do Tesouro (Gabinete de Estudos de Lavagem de Dinheiro)

EPA (Agência de Proteção Ambiental)

FAA (Administração Federal de Aviação)

FBI

FDNY (Corpo de Bombeiros da Cidade de Nova York)
FEMA (Agência Federal de Administração de Emergências)
Fundação Markle
Gabinete do prefeito da cidade de Nova York
GAO (Escritório Central de Contabilidade dos Estados Unidos)
Governo de Cingapura
Human Right Watch (ONG de defesa dos direitos humanos)
INS (Serviço de Imigração e Naturalização)
Instituto de Paz dos Estados Unidos
Instituto de Política de Imigração
Instituto Monterey
Nações Unidas
NCTC (Centro Nacional de Contraterrorismo)
NIST (Instituto Nacional de Tecnologia e Padronização)
NJPD (Departamento de Polícia de Nova Jersey)
NTSB (Comitê Nacional de Segurança no Transporte)
NYPD (Departamento de Polícia da Cidade de Nova York)
OTAN (Organização do Tratado do Atlântico Norte)
PAPD (Departamento de Polícia da Administração dos Portos de Nova York e Nova Jersey)
Prefeitura da cidade de Nova York
TSA (Administração de Segurança no Transporte)
United Airlines
USSS (Serviço Secreto do Departamento do Tesouro dos Estados Unidos)

ALGUNS SITES USADOS NAS PESQUISAS

Aeroporto Internacional de Newark
http://en.wikipedia.org/wiki/Newark_International_Airport

Aeroporto Internacional Dulles – Washington D.C.
http://en.wikipedia.org/wiki/Washington_Dulles_International_Airport

Aeroporto Internacional Logan – Boston
http://en.wikipedia.org/wiki/Logan_International_Airport

Biografia de Khaled Sheik Mohamed (KSM) – *Wikipedia*
http://en.wikipedia.org/wiki/Khalid_Shaikh_Mohammed

Biografia de Khaled Sheik Mohamed (KSM) – *Times*
http://www.engology.com/eng5mohammed.htm

Biografia de Ziad Jarrah – *Wikipedia*
http://en.wikipedia.org/wiki/Ziad_Jarrah

Biografia e fotos de Ziad Jarrah
http://www.cbc.ca/fifth/thepilot/timeline.html

Cabine de comando do Boeing 757
http://www.airliners.net/open.file?id=0091156

Cabine de comando do Boeing 767
http://www.airliners.net/open.file?id=0169985

Cabine de passageiros do Boeing 757
http://www.airliners.net/open.file?id=0143307

Cabine de passageiros do Boeing 767
http://www.airliners.net/open.file?id=0075253

Cronologia dos seqüestros – Telefonemas de passageiros e tripulantes
http://thewebfairy.com/killtown/chart.html

Cronologia do vôo 175
http://www.fromthewilderness.com/timeline/AAflight175.html

Cronologia final do 11 de setembro – Minuto a minuto
http://www.911timeline.net/

Diálogo entre o vôo 11 e os controladores de vôo – *The New York Times*
http://911research.wtc7.net/cache/planes/attack/nyt_f11transcript.html

Diálogo entre o vôo 175 e os controladores de vôo – *The New York Times*
http://s3.amazonaws.com/911timeline/2001/nyt101601b.html

Embarque de Abdulaziz al Omari em Portland, Maine
http://www.whatreallyhappened.com/IMAGES/atta_portland2.jpg

Embarque de Mohamed Atta em Portland, Maine
http://www.whatreallyhappened.com/IMAGES/atta_portland.jpg

História de Ellen e Louis Mariani – *The Chicago Tribune*
http://www.legacy.com/Sept11.asp?Page=TributeStory&PersonId=91702

História de Shelley e Donn Marshall – *Washington Post*
http://www.911lawhelp.org/info/news/jan222004.htm

História do vôo 93
http://www.september11news.com/Flight93.htm

Linha do tempo – Fatos que deram origem ao 11 de setembro
http://www.cooperativeresearch.org/timeline.jsp?timeline=complete _911_timeline

Momentos finais do vôo 93 da United Airlines – MSNBC News
http://msnbc.msn.com/id/3067652

Movimentação do presidente Bush em 11 de setembro
http://www.cooperativeresearch.org/essay.jsp?article=essay aninterestingday

Ocupantes da Torre Norte, andar por andar
http://www.boston.com/news/daily/13/tradecenter_north.htm

Ocupantes da Torre Sul, andar por andar
http://www.boston.com/news/daily/13/tradecenter_south.htm

Passageiro Mark Bingham (vôo 93) – *Pittsburgh Post-Gazette*
http://www.post-gazette.com/headlines/20011028flt93binghambiop8.asp

Perfil de todos os mortos no 11 de setembro
http://www.september11victims.com/september11victims/victims_list.htm

Planta do Aeroporto Internacional de Newark
http://www.panynj.gov/CommutingTravel/airports/html/ewr_maps.html

Ramzi Yousef na prisão do Colorado
http://cnews.canoe.ca/CNEWS/World/WarOnTerrorism/1000Years/2003/10/29/240825.html

Relato do vôo 11 – *The Christian Science Monitor*
http://www.csmonitor.com/2001/0913/p1s2-usju.html

Relato do vôo 77 – *Wikipedia*
http://www.answers.com/main ntquery?method=4&dsid=2222&dekey=American+Airlines+Flight+77&curtab=2222_1&linktext=American%20Airlines%20Flight%2077

Relato do vôo 93 – *Wikipedia*
http://en.wikipedia.org/wiki/United_Airlines_Flight_93

Relato do vôo 175 – *Wikipedia*
http://en.wikipedia.org/wiki/United_Airlines_Flight_175

Rota do vôo 175
http://911research.wtc7.net/planes/attack/flight175.html

Telefonema da comissária Betty Ong para a American Airlines – gravação original
http://www.thememoryhole.org/911/911-ong-tape.htm

Tortura de afogamento (*Waterboarding*) – *Wikipedia*
http://en.wikipedia.org/wiki/Waterboarding

Transcrição do CVR (gravador de vozes do *cockpit*) do vôo 93
http://www.breakingnews.ie/2006/04/12/story253873.html

Transcrição do vôo 77
http://0911.site.voila.fr/transcript.htm

USA Today: A incrível história de Chris Young
http://www.usatoday.com/news/sept11/2002-09-04-elevator-young_x.htm

Vôo 93: Quarenta vidas, um destino – *Pittsburgh Post-Gazette*
http://www.post-gazette.com/headlines/20011028flt93mainstoryp7.asp

The 9/11 Commission Report (Relatório Completo do 11 de Setembro)
http://www.gpoaccess.gov/911/pdf/fullreport.pdf

EDITORA OBJETIVA LTDA., rua Cosme Velho, 103
Tel: (21) 2199-7824 – Fax: (21) 2199-7825
www.objetiva.com.br

Produção editorial
Maryanne Linz

Capa e caderno de abertura
Tita Nigrí

Imagem de capa
Corbis / Stock Photos

Revisão
Antônio dos Prazeres
Diogo Henriques
Damião Nascimento
Sônia Peçanha

Mapas
Ana Adams Design / Raquel Alberti

Editoração
FA Editoração

S223p
Sant'Anna, Ivan
Plano de ataque: a história dos vôos de 11 de setembro / Ivan Sant'Anna. – Rio de Janeiro : Objetiva, 2006

ISBN 85-7302-796-7
275 p.

1. Atentado terrorista de 11 de setembro de 2001. 2. Repórteres e reportagens. I. Título. II. Série.

06-2236 CDD 070.44930362
CDU 070:323.28(81)

Este livro foi impresso na
LIS GRÁFICA E EDITORA LTDA.
Rua Felício Antonio Alves, 370 – Bonsucesso
CEP 07175-450 – Guarulhos – SP – Fax.: (11) 6436-1538
Fone. (11) 6436-1000 – e-mail: lisgrafica@lisgrafica.com.br